서양 점성학의 기초

로즈 임 지혜 저
피크닉 신 영호 감수

목차

머리말 4
1. 10행성 7
   태양 9
   달 12
   머큐리 16
   비너스 20
   마스 23
   쥬피터 27
   세턴 31
   우레너스 36
   넵튠 40
   플루토 44

2. 12싸인 47
   에리즈 48
   토러스 53
   제머나이 57
   캔서 60
   리오 63
   버고 66

리브라...71
스콜피오...74
쎄지테리어스...79
캐프리컨...83
어퀘리어스...86
파이씨즈...88

3. 12 하우스...92
1 하우스...93
2 하우스...95
3 하우스...98
4 하우스...101
5 하우스...104
6 하우스...107
7 하우스...110
8 하우스...113
9 하우스...115
10 하우스...118
11 하우스...121
12 하우스...123

머리말

  본서는 점성학의 10행성, 12싸인, 12하우스로 구성되어있습니다. 약 8 년간 점성학을 공부하고 강의해보니 결국 점성학의 핵심은 10행성, 12싸인, 12하우스라는 생각을 합니다. 이들은 서양 철학의 근간이 되는 영·혼·육에 기원을 둡니다. 더 나아가 10 행성은 인간의 다중 자아들 중 주요한 10대 자아에 상응하며, 또 다시 12싸인 그리고 12 하우스와 하모니를 이루어 1440개의 자아를 창조합니다.

  최첨단 과학문명의 이기 속에서 풍요로운 물질을 향유하며 살아가고 있지만 내면과의 접촉이 단절되고 유리된 삶을 살아가는 우리들에게 자신을 통해 투사되는 다양하고 복잡한 자아들을 인식하고 이해하는 것은 나를 찾아가는 여행의 일환이 될 수 있습니다.

  점성학은 우리가 다중 자아에 접근하고 이해할 수 있게 해주는 다리가 되어 줍니다. 그리고 그 핵심에는 10행성, 12싸인, 12하우스가 있습니다. 본서를 읽어주시는 독자분들께 감사드립니다.

　아들 고지형에게 고마움을 전합니다. 본서를 감수해주신 신영호 선생님께 감사드립니다.

　　　　　2024년 6월 21일 로즈 임지혜

참고문헌

*서양 예측 점성술의 기예
*서양 점성술의 12별자리 씨크릿
*점성술사가 들려주는 예이츠의 사랑과 운명 그리고 철학

1. 10 행성

점성학의 10대 행성은 인간의 주요한 10대 자아를 반영한다. 10대 자아를 알아야하는 이유는 무엇인가? 인간의 내면은 다양한 자아로 구성되어 있으며, 그 중 주요한 자아들이 점성술의 10개의 행성에 상응하기 때문이다. 우리가 이들 자아들을 필요할 때 적시적소에 잘 꺼내서 사용할 수 있다면 삶의 질은 높아질 것이다. 더 나아가 자아 탐구는 자신의 정체성을 찾아가는 여정의 일부이기도 하다.

예를 들어 지성적일 때와 사랑에 빠질 때 우리는 각각 다른 자아를 사용한다. 전자의 경우 머큐리나 쥬피터를 사용하겠지만 후자의 경우에는 비너스 자아를 사용할 것이다. 연애에는 머큐리가 지닌 지성과 논리보다는 비너스가 지닌 아름다움과 감각을 통해 행복을 추구하는 성향이 더 잘 어울린다. 그러나 개인의 차트 분석으로 들어갈 때 이러한 다중 자아들은 복잡성을 띈다. 가령 어떤 사람은 연애를 할 때 지성적 자아를 사용하고, 지적이어야 할 때 감각적 자아를 사용하가 때문이다. 더 나아가 우리의 현실은 이러한

다중 자아들을 중첩적이고 즉각적으로 사용하기를 요구한다. 가령 공부 할 때 기본적으로 머큐리 자아를 사용하겠지만, 공부에 필요한 인내심은 쎄턴 자아의 발현을 동시에 요구한다.

이제 10행성 학습을 통한 본격적인 자아의 탐구 여행을 떠날 것이다.

태양

　태양은 리오를 지배하는 행성으로, 개인의 정체성을 상징하며, 왕, 아버지, 남편, 아들, 한 조직이나 집단 내에서의 최고 또는 중심인물, 생명력, 창조성, 고귀함, 관대함, 풍요, 심장, 도덕성, 윤리의식, 정신, 이성, 목표 등을 의미한다.

　태양은 왕이다. 태양 없이는 어떤 행성도 스스로 빛을 발하지 못한다. 하늘의 왕이 태양이듯이 한 국가의 태양은 왕이고, 한 집안의 태양은 아버지다. 태양이 태양계의 모든 행성들과 지상에 존재하는 만물에게 아낌없이 빛을 뿜어주어 그들의 존재와 성장에 근원적인 자양분이 되어주듯이, 아버지는 자녀를 포함한 자신의 가족 구성원들을 정신적 물질적으로 부양하며, 그들이 존립하고 성장하는 근원적인 힘이 되어 준다. 만일 어떤 이유에서든지 집안에 아버지가 부재한다면 아버지의 뒤를 이어 아들이 집안의 가장으로서 태양의 역할을 한다. 따라서 아들은 태양이다. 태양은 관대함이자 풍요로움이다. 태양은 누구든 가리지 않고 넘치는 빛을 내려준다. 그가 악인이든 선인이든...태양은 심장이다. 심장은 인체를 작동가능하게 하는 중심부이다. 심장으로부터 뿜어져 나오는 혈액은 인체 구석구석을 돌면서 에너지와 영양분을 공급하고 인체 내의 불순물을 정화한다.

　태양은 생명력이다. 태양이 지상의 모든 생명체들에게 뿌려주는 빛은 그들을 성장시키고 활력을 준다. 마찬가지고 개인의 차트에 위치하는 태양은 전체 차트에 스며들어서 차트를 구성하는 모든 행성들에 영향을 준다. 태양의 힘이 강하고 긍정적이라면 차트내의 다른 행성들에게도 긍정적인 생명력을 전달한다. 그러나 태양의 힘이 약하고 품질이 좋지 않은 경우, 생명력이 저하되서 중심목표와 통합할 수 있는 능력이 떨어진다. 또한 자아가 약하고 신념과 믿음이 감소되고 자신감이 빈약하거나, 오히려 고압적이며 에고가 너무 강할 수 있다.

　태양은 정체성이다. 태양의 환한 빛은 자신을 환하고 명료하게 드러내기 때문이다. 태양은 창조성이다. 태양의 노란빛은 가장 풍요롭고 창조적인 칼라를 닮았다. 태양은 윤리와 도덕성이다. 태양의 밝은 빛 앞에 모든 거짓은 드러난다. 달이 감정과 느낌이라면 태양은 정신이자 이성이다. 달이 지닌 물기운은 정서를 다루지만, 태양이 발현하는 불은 정신과 이성을 상징한다. 마치 강렬한 태양에 심한 화상을 입듯이 태양의 진실을 추구하는 힘이 너무 과도해지면 잔인성으로 드러나기도 하는데 이것은 신화 속의 아폴론신과 마르시아스의 이야기[1]를 통해서도 알 수 있다.

태양은 인생의 목표다. 일반적으로 개인은 자신의 아버지를 바라보며 성장한다. 그는 아버지의 정신을 선망하며, 아버지와 같은 사람이 되고 싶다는 목표를 갖고 성장한다. 아버지는 태양이다. 그러므로 태양은 목표다.

---

[1] 마르시아스가 아폴론의 리라실력에 피리로 도전장을 던지자 아폴론은 만일 마르시아스가 패배하면 그의 살가죽을 모두 벗긴다는 댓가로 마르시아스의 도전을 받아들인다. 마르시아스와 아폴론의 실력은 막상막하였지만 심판이 아폴론이 두려워 판정을 내리지 못하자, 아폴론은 리라를 거꾸로 들고 연주하며 마르시아스에게 자신처럼 연주할 것을 요구했다. 그러나 마르시아스는 피리를 거꾸로 연주하지 못했고 이에 아폴론은 그를 나무에 거꾸로 매달아 살가죽을 모두 벗겨버렸다. 이를 보던 사람들은 그 비참한 광경에 폭우같은 눈물을 흘렸고, 그들의 눈물과 마르시아스의 살가죽이 벗겨질 때 떨어진 피가 함께 흘러들어가 강을 이루었는데 그 강을 마르시아스의 강이라 부른다.

달

달은 캔서를 지배하는 행성으로, 개인의 환경과 수용성, 습관, 감정을 상징하며, 보살핌, 양육, 추억, 기억, 과거, 아니마, 마음, 변화, 불안, 소문, 대중, 삼각관계, 음모, 어머니, 아이 등을 의미한다.

달은 변화[2]다. 달은 28일을 주기로 끊임없이 변화한다. 이렇게 변하는 달은 엄마에게 케어를 바라는 아기의 변덕스러운 모습이며, 그러한 아기의 변덕에 맞춰주는 어머니의 자유자재한 수용성이다. 28일 동안 달은 그믐달에서 상현달, 상현달에서 보름달로 끊임없이 변한다. 달은 감정이다. 달이 커지는 것은 어머니의 사랑을 양껏 받은 아이의 행복한 감정이다. 달이 작아지는 것은 어머니와 가족에게 받은 아픔을 되새기는 아이의 상처받은 마음이다. 어머니 그리고 가족과의 행복한 기억을 가진 사람에게 달은 추억이지만 그들과 아직 풀지 못한 문제를 가진 사람에게 달은 과거로의 퇴보다. 달은 마음이다. 달의 끊임없는 변화는 마음의 불안과 근심을 의미한다.

---

[2] 달은 물질이다. 물질은 변화한다. 변화는 다양성을 창조의 근원적 성질이지만 불안의 요소이기도 하다.

달이 위치하는 하우스에서 아이와 어머니와 서로 연결된다. 성숙한 어른이 된 이후에도 마찬가지다. 아이의 최초 양육자로서 어머니는 아이의 탄생 이후에도 약 7.8세까지는 보이지 않는 탯줄로 서로 연결되어 있다. 아이는 어머니의 성정과 어머니가 놓인 환경을 그대로 흡수한다. 따라서 어머니는 아이의 거울이다. 어머니는 아이의 기억 창조자로서, 약 7.8세까지의 아이의 생각은 어머니의 생각을 반영한다. 또한 그로부터 아이의 습관이 창조된다.

갓 태어난 아이는 어머니의 케어와 보호를 받으면서 성장한다. 아이와 어머니 사이에 생성되는 관계 방식은 아이가 성장해서 세상을 수용하는 방식과 연관된다. 따라서 개인의 달 싸인은 아이와 어머니와의 관계가 어떠했는지, 개인이 어떠한 수용성을 가졌는지를 보여주는데, 이러한 수용성은 그대로 성장한 자녀의 환경이 된다. 어머니에 대한 아이의 기억은 떠올리고 싶은 잔잔한 추억이 될 수도 있지만 트라우마로 남을 수도 있다.

특히 남성의 경우 어린 시절 어머니와의 관계는 그의 아니마[3]를 형성하는 뿌리가 된다. 부정적인 아니마가 형성되면 성장한 후에 여성을 부정적으로 인식하는 계기가 됨으로 유의해야 한다. 또한 부정적 마음을 지닌 여자와 인연이 된다.

달은 근심이다. 밤의 달빛이 강물에 부셔져 생성되는 달 그림자는 흔들리고 근심하는 마음을 상징한다. 달은 서민이다. 태양이 왕이듯이 달은 백성이자 서민 혹은 대중이다. 달은 소문이자 술이며 드라마다. 하루일과를 마친 서민들은 밤의 술집에 모여 울고 웃으며 삶의 애환을 나눈다. 사람들이 모이는 곳에서는 소문이 양산된다. 소문이 모이면 드라마가 창조된다.

달밤의 시간은 유혹과 미혹의 시간이자, 비밀의 시간이다. 모든 것을 환하게 드러내는 태양이 진실을 의미하는 반면, 달빛은 모든 것을 확실히 드러내지 않고 감출뿐만 아니라 달빛의 어슴츠레한 조명은 상대를 유혹하고 미혹하게 한다. 어둠이 발산하는 음기는 사건이 일어날 수 있는 조건을 형성하며, 이때 사람들은 사기, 거짓, 음모, 사건 등에 연루되기 쉽다.

---

3) 남성의 아니마는 비너스로 본다. 그러나 유년기의 어머니와의 관계는 여성에 대한 인식의 근간이 된다.

애정운에서 달은 나이든 여성이나 돌싱 또는 유부녀와의 연애와 같은 삼각관계가 될 수 있다. 달의 연애가 속임수에 빠지기 쉬우며 불륜에 이르기 쉬운 것은 보호본능과 의존을 특징으로 하는 달이 자신이 놓인 상황을 이성보다 감정적으로 보는 경향이 있기 때문이다. 특히 달의 힘이 약하고 부정적인 상태로 존재한다면 어린 시절 어머니의 우울하고 미성숙한 감정으로 인해 형성된 불안하고 상처받기 쉬운 정서로 인해 자신의 사랑에 대해 성인으로서의 성숙한 판단을 내리기 어려울 수 있다. 연애 상대에게서 어머니를 보거나 상대의 연인이 아니라 어머니로서의 역할을 하는 달은 연애라는 관계의 본질과 어울리지 않을 수 있다.

연애의 본질은 관능과 애로티시즘을 기반으로 한 감각적 즐거움과 행복 그리고 주면 되받는 일종의 대등한 거래에 근원을 두고 있다. 반면 달의 연애는 상대에 대한 의존성과 보호본능에 기인한다. 따라서 소속감을 중시하는 달의 연애는 오래간다고 하더라도 스스로 기만적이고 혼란스러운 상태에 빠져 파트너와 함께 서로 행복하기보다 불안과 근심, 걱정, 고통이 될 수 있다.

머큐리

머큐리는 제머나이와 버고를 지배하는 행성으로, 소통과 생각을 상징하며 배움, 추론능력, 의식, 중개인, 어린 소년 소녀, 양면성(이중성), 교통수단, 국내여행, 헤르메스 신 등을 의미한다.

신화 속에서 헤르메스 신은 마이어 여신과 쥬피터 사이에 태어난 신으로 쥬피터신의 혼외 자식 중 헤라 여신의 미움을 받지 않은 유일한 신이었다. 헤르메스가 태어나서 얼마 되지 않아 이복형인 아폴론의 소를 훔친 일화[4]는 헤르메스의 기지와 언어능력의 우월성을 상징적으로 보여준다.

---

4) 아드메스 소의 일화는 헤르메스가 태어나자마자 이복형인 아폴론의 소를 훔친 이야기를 담고 있다. 그러나 아폴론은 도둑질을 해놓고도 뻔뻔한 이복동생에 대해 그가 도둑이라는 심증은 있으나 물증은 없어서 어떻게 할 도리가 없었다. 화가 난 아폴론은 정당한 판결을 받기 위해 아버지인 쥬피터 신에게 갔을 때, 쥬피터는 헤르메스가 범인임을 알았지만, 그의 언변과 재치에 감탄해 오히려 그를 자신의 사자로 삼는다. 헤르메스가 도둑의 신, 웅변의 신으로 불린 이유는 여기서 기인된다. 그는 지식의 신이자 상업의 신으로도 불렸으며, 쥬피터의 뜻을 신들과 인간 그리고 지하 세계에까지 전달하는 사자로서 저승과 이승을 넘나들었기 때문에 경계의 신으로도 불린다. 헤르메스는 날개달린 신발과 날개달린 모자를 쓰고 두 마리 뱀이 손잡이까지 휘감고 올라간 케두서스라는 지팡이를 지니고 있다.

머큐리는 언어다. 언어는 양면성을 지닌다. 가령 오랜만에 만난 친구와 헤어질 때, "또 보자!"라는 인사가 반드시 다음에 다시 만날 것을 의미하지는 않는다. 따라서 누군가의 글이나 말의 의미를 정확하게 파악하기 위해서는 행간의 의미를 읽을 것이 요구된다. 케두서스의 음양사(陰陽蛇)5)는 머큐리가 양면성 또는 이중성을 가지고 있음을 상징한다. 이러한 머큐리의 이중성은 다양한 순간에 발현된다. 가령 머큐리는 결정의 순간에 칼날같이 정확한 판단을 하지 않는다. 또한 머큐리는 소녀도 아니고 소년도 아닌 중성을 의미한다. 머큐리는 선과 악 어느 쪽에도 속하지 않기 때문에 부정적으로 사용될 때 비윤리성으로 발현되기도 한다.

또한 신화 속에서 헤르메스 신은 쥬피터의 사자로서 천상과 죽음의 세계 양쪽을 모두 오갔다. 사색과 통찰보다는 지식과 사실 중심의 지성인 머큐리가 그의 이중성과 결합할 때 그의 생각은 편견과 고정관념, 사견(邪見)으로 흐를 수 있다. 머큐리의 넘치는 호기심은 약 7세부터 고등학교 졸업 전의 청소년들이 가진 성향을 반영하며, 다재다능함은 지성의 신, 웅변의 신, 경계의 신, 상

---

5) 두 마리 뱀이 지팡이를 휘감고 올라가는 형상을 하고 있는 헤르메스 신의 지팡이.

업의 신, 무역의 신으로 불리우는 헤르메스 신의 다양한 능력에서 기인된다.

머큐리는 소통능력을 상징한다. 소통의 근간이 되며 머큐리가 의미하는 언어는 인간의 무의식과 의식, 나와 타인 사이를 연결하는 소통 수단이다. 머큐리는 자동차와 같은 교통수단이다. 교통수단의 발달은 지역과 지역 간의 연결함으로써 공간적 소통을 가능하게 했다. 특히 머큐리의 교통수단은 국내 여행과 같이 짧은 여행에서 사용되는 퀵보드, 자동차, 바이크, 자전거, 지하철, 기차 등에 해당한다.

신체적으로 머큐리는 신경과 호흡계, 손 등을 의미한다. 머큐리의 과도한 생각과 방만한 활동은 그의 힘을 지나치게 분산시키는 경향이 있어, 자주 이들을 신경과민으로 이끈다. 따라서 머큐리는 의도적으로 혼자만의 휴식시간을 갖음으로써 자신의 머리와 신경을 쉬게 해줄 필요가 있다. 빠르고 분주한 머큐리는 자유자재로 손을 움직이는 원숭이에 비유되며, 한 곳에 잘 정착하지 않는 나비에 비유되기도 한다. 머큐리과 세턴이 연루되면 호흡기에 문제가 있을 수 있다.

애정운에서 머큐리는 대화가 통하는 상대에게

끌린다. 그러나 머큐리는 항상 믿을 수 있는 상대는 아니다. 이것은 한 사람에게 오래도록 머무를 수 없으며, 자극과 새로운 것을 찾는 머큐리의 성질에서 기인한다. 머큐리가 제머나이와 함께 할 때 그는 누군가를 사귀면서 또 다른 사람을 마음에 두거나, 두 명의 연인을 함께 사귀거나 두 번 이상의 연애를 할 수도 있다. 버고 머큐리는 성실하고 근면한 타입으로 현실적이고 똑 부러지게 일하는 사람을 좋아한다. 이들이 누군가를 사랑한다면 낭만보다는 현실적인 도움을 통해 상대의 마음을 사려고 한다.

비너스

비너스는 토러스와 리브라를 지배하는 행성으로 끌어당김의 법칙과 아름다움, 관계성 등을 상징하며, 아프로디테 여신, 미(美), 예술, 풍요, 가치, 매력, 기브 앤 테이크, 물질, 감각적 즐거움, 관능, 쾌락, 사랑, 조화 등을 의미한다.

신화 속에서 아프로디테 여신은 많은 신들과 인간들의 숭배를 받은 미와 아름다움의 여신이었다. 그녀가 가진 타고난 아름다움과 매력은 많은 신과 인간을 매혹시켰다. 그녀는 남편인 헤파이스토스 신을 두고 전쟁의 신 마르스와 바람을 핀 것으로도 유명하다.

비너스는 연애의 달콤함을 의미하며 관능, 쾌락, 감각, 즐거움 등을 다스린다. 남녀의 궁합을 볼 때 비너스와 마스의 관계를 본다. 두 행성의 관계가 긍정적일 때 남녀의 연애는 서로 밀고 당기면서 감각과 쾌락을 즐기면서, 남녀 간의 케미스트리가 바닥을 드러내지 않도록 아슬아슬하게 밀고 당김으로써 연애의 관계를 이끌어나간다.

비너스는 아름다움, 풍요, 조화, 예술이다. 아

름다움은 풍요 속에서 태어나 균형과 조화 속에서 무르익는다. 미의 완성은 예술작품으로 현현된다.

동양철학에서는 여인을 재물에 비유하듯이 비너스는 돈을 비롯한 물질, 풍요와 관계있다. 비너스의 음하고 촉촉한 기운은 아름답고 느리고 평화롭고 고요하고 안정적이어서 물질(돈)을 끌어당기는데, 이러한 물질들이 모이면 풍요를 이룬다. 그러나 비너스는 역동성과는 무관한 행성이기 때문에 비너스가 부정적으로 발현[6]되면 게으르고 나태할 수도 있다.

비너스는 가치를 의미한다. 자본주의 사회에서 무언가의 가치는 돈의 크기로 환산된다. 따라서 가치와 돈은 비슷한 의미적 연결성을 지닌다.

비너스의 물질성은 이들이 감각[7]을 즐기고 충족시킬 수 있는 것에 삶의 가치를 둔다는데 있으며, 이것은 이들에게 인생의 행복과 웰빙을 느끼게 한다. 이들은 좋은 냄새, 맛있는 음식, 아름다운 것들, 아름다운 음악, 부드러운 촉감을 좋

---

[6] 비너스가 힘이 약하고 흉한 어스펙트로 연결된 경우
[7] 비너스가 감각적 행성이라는 것은 그가 후각, 미각, 시각, 청각, 촉각의 5감각으로 사물과 상황을 판단함을 의미한다.

아한다. 비너스가 부정적으로 발현될 경우 지나치게 자기만족적이며 과도한 쾌락을 추구하거나 게으르고 나태할 수 있다.

애정운에서 비너스는 아름다움과 풍요로움으로 인해 연인을 끌어당긴다. 토러스 비너스는 풍요롭고 풍만하다. 토러스의 흙기질로 인해 이들은 육체적인 감각을 즐긴다. 그러나 한눈에 누군가에게 반하기보다는 신뢰할 수 있는 타입의 연인과 오랜 연애를 즐긴다. 리브라 비너스는 쉽게 사랑에 빠지고 관능적이기보다 낭만적인 사랑을 한다.

비너스는 사회적 행성이다. 기브 앤 테이크에 대한 타고난 감각이 있어 관계에 능하다. 따라서 돈을 비롯한 각종 물질적 자산은 비너스의 소관이다. 개인의 차트에서 비너스가 위치한 하우스에서 개인은 자신의 매력을 발산하고, 사람과 돈을 끌어당기며 사랑과 행복, 즐거움과 평화 그리고 고요를 느끼며, 자신의 가치를 발현하는 등의 행운을 누릴 수 있다.

마스

　마스는 에리즈와 스콜피오를 지배하는 행성으로, 행동력과 자기주장, 개인적 욕망을 상징하며, 아레스 신, 공격성, 성적기질, 에너지, 용기, 대담함, 즉흥성, 무모함, 목표지향, 전쟁, 반항심, 경쟁심, 주도권, 무기, 강철, 추진력, 성욕, 사고, 화상, 전사, 근육, 적혈구 등을 의미한다.

　마스는 로마 신화에서 아레스신으로 헤라와 쥬피터의 아들이지만 헤라 혼자 낳은 아들로서 신화 속에서 자주 다친 모습으로 등장하는 아레스는 툭하면 싸우고 공격적인 기질 때문에 쥬피터 신의 미움을 받았다.

　마스의 상징인 화살 모형은 마스가 결코 돌아서 갈수는 없는 직선적인 성질로 인해, 융통성과 기교가 없어 상대의 기분을 해치거나 상처를 줄 수 있음을 의미한다. 아레스와 오랜 연애를 한 아프로디테와의 관계는 매력과 아름다움, 그리고 꺾을 수 없는 도도함만이 마스의 상대가 될 수 있음을 말해준다. 마스의 공격적이며 남성적인 힘은 테스토르테론을 기반으로 하는데, 이것은 성욕을 의미하기도 한다. 붉은 색의 지배를 받는 마스는 적혈구를 상징한다.

마스는 화살처럼 상대를 뚫는 호전적인 기질로 피를 보더라도 반드시 이겨야하며, 싸움을 좋아한다. 마스의 충동적 기질은 길들여져야하는 에너지를 의미하기 때문에, 마스 에너지가 집단 무의식을 압도하면 전쟁이 터질 수도 있다. 불의 영향으로 이들의 피는 항상 끓고 있는 젊은이의 혈기 왕성한 기운으로 전쟁이 없다면 끊임없이 체력을 연마하던 무사나 전사에 비유된다. 신체적으로 근육을 의미한다.

마스는 목표지향적이고 성공지향적이다. 이들은 화살처럼 목표를 향해 돌진한다. 그러나 이들의 추진력에는 종종 합리적인 계획이 누락되 있고, 즉흥적이어서 성공을 이루는데 방해가 되는 쪽으로 가기 쉽다. 따라서 넘치는 힘에도 불구하고 이들이 만일 상대에게 패한다면 그것은 지략의 부족에서 기인한 것일 수 있으므로 마스의 용기와 추진력은 잘 살리되 계획 없고 생각 없는 저돌적 성질은 잘 다듬을 필요가 있다. 자신의 목표를 숨기거나 은폐하지 않지만 빠르고 강한 힘은 전쟁과 같은 호전적인 무대에서 상대를 압도한다. 마스는 상대가 주먹을 휘두르면 맞받아칠 수 있는 용기이자 자신의 권리를 숨기지 않고 주장할 수 있는 힘으로 이들은 대담하고 거침이 없다.

　젊은이의 반항은 마스의 기질에서 기인된다. 마스의 반항은 질풍노도의 시기에 비유되는 사춘기의 의례와도 비슷하다. 반항적인 마스는 종종 주먹을 휘두르기도 한다. 마스는 독립적이고 논쟁을 좋아하며, 경쟁심이 강하고 반드시 주도권을 차지하고자 한다. 젊은이의 혈기왕성한 기운에 해당하는 마스 에너지는 긍정적인 방향으로 유통시켜줄 필요가 있다. 격렬한 실내외 스포츠를 하도록 하는 것이 그 방법 중 하나이다. 복싱 등 무술이나 축구와 같은 볼을 다루는 스포츠가 그 중에 하나이다. 사고와 연루되는 마스는 종종 화상이나 자동차 사고, 창상, 금속 관련사고, 수술에 의한 사고, 총상, 강도, 싸움, 성적남용 등의 사고에 연루될 수 있다.

　마스가 위치한 하우스는 개인이 자신의 힘을 쏟아 붙는 하우스로, 이곳에서 마스는 주도권을 쥐고 싶어 하며, 리더가 되려고 한다. 마스가 부정적으로 작용하면 양보와 타협을 하지 않는 마스에 의해서 마스가 위치한 하우스에서 사고와 분쟁이 있을 수 있다.

　애정운에서 마스는 상대가 넘어올 때까지 끊

임없이 도발하고 도전한다. 그러나 빨리 타오르는 불이 빨리 꺼지듯이 마스는 안정적인 연애상대가 아니다. 연애에서 마스는 엄청난 열정이 식은 후 얼음처럼 차가와 질 수 있어서 마스의 파트너는 그들 간의 열정적 만남이 있은 이후 다시 만났을 때 마스의 무심한 반응에 상처를 받기도 한다. 이들이 누군가에게 매력을 느끼면 마치 장난감을 사달라고 떼쓰는 아이처럼 상대에게 계속적으로 대쉬한다. 그러나 막상 상대의 사랑을 얻고 나면 장난감을 갖고 놀다 흥미를 잃고 집어던지는 어린아이처럼 심술궂고 냉정하게 상대를 외면할 수 있다. 책임감 있는 연인을 찾는다면 마스는 그리 좋은 상대가 아니다.

쥬피터

쥬피터는 쎄지테리어스를 지배하는 행성으로, 인생의 의미와 도덕적 가치, 진실을 추구하며, 철학, 종교, 비전, 확장, 풍요, 대길(大吉), 고등교육, 그루, 해외여행, 낙천주의, 기업가 윤리, 내적 신념, 도덕성, 윤리성, 낙천성, 통찰력, 지혜, 그루, 관대함, 최고의 신(God of Gods) 등을 의미한다.

쥬피터는 그리스 로마 신화에 존재하는 모든 신들 중 'God of Gods'라고 불리우는 가장 높은 신이다. 신화 속에서 쥬피터신은 올림푸스 산정에서 신들과 인간을 내려다보며 큰 그림을 그리는 신이다.

쥬피터는 강한 내적 신념을 가졌으며 윤리성과 도덕성을 대변하면서도 결코 낙관주의와 희망을 버리지 않는 정신을 상징한다. 구루의 행성으로 풍요와 인생의 깊은 경험을 바탕으로 상대의 장·단점을 파악해서 그의 나아갈 방향을 제시해줄 수 있는 탁월한 통찰력과 지혜를 가졌다. 이것은 전체를 통찰할 수 있는 쥬피터의 능력에서 기인한다. 쥬피터는 대학 이상의 높은 교육을 다룬다. 라틴어 'universum'을 어원으로 하고 보편성이나 우주라는 의미를 함유한 'university[8]'는 대학교육을 통해서 인간이 ego를 넘어 자기를 실현해야함을 암시한다. 따라서 쥬피터는 초인정신과 통합정신을 의미한다. 대학교육은 단지 지식을 넘어서 학문의 깊은 탐구와 철학적 사유를 통해 지식으로만 풀 수 없는 인생의 문제를 통찰하게 한다.

또한 깊은 독서와 여행을 통해서 얻은 직·간접 경험들은 이들의 내면과 외면세계를 확장시킬 뿐만 아니라 인간을 비롯한 모든 현상들을 다양한 차원과 측면에서 바라보는 깊은 지혜와 통찰 그리고 광활한 정신을 얻게 한다. 인간을 근원적으로 지배하는 초월에 대한 이해가 있기 때문에 그는 종교가로서 활동하기도 하며, 삶의 각 분야에서 지도자로 자연스럽게 자리한다. 그러나 물질과 부를 충분히 생산할 수 있음에도 그것이 자신의 신념 및 윤리와 도덕에 어긋나면 취하지 않는다.

대길의 행성으로 불리는 쥬피터는 언제 어디든 행운이 오는 바로 그 장소에 있기 때문에 그에게는 행운이 너무 자연스럽다. 따라서 농사를 짓는 아주 고대로부터 많은 사람들은 쥬피터신

---

8) 대학(大學)

에게 행운과 복을 주실 것을 기도했다.

쥬피터가 어디에 위치하든 그가 위치한 하우스에서는 확장과 낙관주의, 그리고 자신감을 바탕으로 큰 혜택과 이득을 얻을 수 있다. 쥬피터의 확장성은 정신과 물질 모두에 적용된다. 확장의 신이자 인생의 깊은 의미를 이해하는 신으로 남, 녀, 노, 소, 인종, 신념을 초월한 모든 사람에게 열려있다.

쥬피터는 기회와 혜택의 행성이며 관대한 성정을 지녔지만, 지나친 낙관성은 기회의 정확한 포착과 실행을 방해하기도 한다. 때에 따라서 쥬피터의 이러한 면모는 사기성으로 변모하기도 한다. 또한 쥬피터가 지나치게 확장을 추구하는 과정에서 현실화되지 못한 많은 계획들은 그를 무책임한 존재로 만들기도 한다. 쥬피터의 광활한 사유가 모두 현실화되는 것은 아니기 때문이다.

신체적으로 쥬피터는 간과 허벅다리를 의미한다. 큰 간은 대범함과 동일시된다. 불기운이 강한 쥬피터는 모험을 즐기며 필요할 때 기꺼이 위험을 감수한다. 선을 넘는 것을 용납하지는 않는다. 자신의 허락 없이 인간에게 불을 선물한

프로메테우스에게 독수리로부터 간을 쪼이는 형벌을 내린 예가 바로 그것이다. 프로메테우스의 일화는 쥬피터가 비록 관대하다해도 권력에 있어서는 매우 냉혹할 수 있음을 보여준다.

애정운에서 쥬피터는 여러 번의 연애나 바람기를 의미한다. 자유를 중시하며 인생의 의미를 찾는 것을 큰 목표로 삼기 때문에 쥬피터의 사랑과 결혼마저도 그러한 삶의 지혜를 찾기 위한 여행의 일환일 수 있다. 따라서 쥬피터에게 책임감을 너무 기대하지 않는다면 그는 워낙 풍요롭고 관대하며 세상과 세계에 대한 깊은 이해를 가진 신이기에 자신의 연인이나 배우자에게 풍요와 정신의 확장을 제공한다.

세턴

세턴은 책임과 의무, 규칙과 질서를 실행하고 수용하는 능력을 상징하며, 제한, 고난, 인내, 장애, 병, 나이 듦, 인과법, 고독, 홀로남음, 두려움, 죄, 벌, 조직, 뼈, 가난, 결핍, 노동, 엄격한 아버지, 시니어, 구조, 질서, 체계, 전통, 유산 등을 의미한다.

태양계에서 일곱 번째의 위치한 행성인 세턴은 엄격하고 차가운 남성성, 냉정한 아버지를 의미한다. 자수성가형 아버지로서 세상이 규칙과 질서로 구조화되어 있으며, 인간은 자신이 속한 세계가 부여하는 제약과 규칙을 인내로 받아들이고 살아가야함을 경험으로 아는 아버지이다. 그는 세턴의 무게를 수용하지 않음으로써 기인되는 결과는 스스로 책임져야함을 자녀에게 각인시켜주는 엄격한 아버지로서 인생은 동화가 아님을 아이가 어렸을 때부터 알려주는 냉정한 아버지다.

세턴이 지닌 다소 거친 이미지와는 달리 이 행성을 두르고 있는 의외로 아름다운 고리는 운명을 수용하며 사는 사람들만이 가질 수 있는 성숙한 아름다움을 암시할 뿐만 아니라, 각종 규칙과 전통, 책임과 의무가 지우는 굴레 속에서 살아가는 인간의 삶을 상징한다.

실패의 경험을 겪지 않은 마스터는 없다. 혹독한 경험이 있었기에 그는 부하직원이나 아랫사람이 현재 겪고 있는 상태를 정확하게 파악하며, 타인에게 자신의 경험에 의거하여 성공에 이르는 과정을 경험하게 해줄 수 있는 실무자급 리더이지만, 정답을 쉽게 알려주는 리더는 아니다.

상처와 좌절, 실패와 같은 상실의 경험을 부여하는 세턴은 인간의 삶에 스토리를 만들어 준다. 무에서 유를 일궈내는 세턴의 여정은 결핍을 딛고 일구어낸 풍요에 비유할 수 있지만 성공에 이르러서도 절제를 아는 엄격한 정신을 지녔다. 그러나 세턴의 오류는 그가 사랑보다는 성공, 마음보다는 머리를 중시함으로써 가족 또는 연인과의 파멸을 겪게 될지도 모른다는 사실이며, 이것은 결국 세턴을 홀로 남게 할 것인데, 모순적이게도 세턴의 가장 큰 두려움은 바로 홀로 남겨진다는 사실이다. 이것은 세턴이 뿌린대로 거두는 인과법칙의 적용을 받음을 암시한다.

책임자급의 리더로서 성공으로 가는 도정에서 경험한 실패와 고난, 희생과 좌절로부터 얻어낸 성공은 세턴에게 연륜과 빛을 부여한다. 인고의 세월을 겪으면서 도달한 정상에서 물질욕에 사로잡혀 그간에 경험과 고통을 통해 얻은 인고의 정신을 버리거나 죄를 범한다면 자신이 얻은 빛 또한 소멸되거나 벌을 받음으로서 파멸의 길에 이를 수 있다. 가장 높은 지위에 오를 수도 있지만, 가장 낮은 밑바닥으로 추락할 수도 있는 세턴은 극과 극의 이야기를 담고 있다.

세턴의 파멸은 사랑의 회복을 통해서만 치유된다. 고위직에서 은퇴한 세턴이 자신의 손자를 바라볼 때 눈가에 고이는 눈물은 그가 오로지 성공만을 위해서 밖으로 눈을 돌리고 살아온 오랜 시간 동안에 만들어진 오류를 치유하는 과정에서 흘러나오는 정화의 눈물일 수 있다. 세턴의 고독과 외로움은 그가 비록 물질적 성공을 이루고 권력의 정점에 오를지라도 인간은 유한한 존재이며, 늙고 병들며 결국 죽음으로 귀결된다는 사실이다.

만일 세턴이 엄청난 노력으로 왕의 자리에 올랐다면 그는 일반적인 왕들이 쉽게 간파하기 힘든 함정과 타인들의 질시와 공격, 그리고 왕의 자리를 수행하는 과정에서 받아야만 하는 고통과 수난까지도 낱낱이 파악하고 스스로 겪어내는 왕이다. 왜냐하면 그는 성공의 자리에까지 올라오는 과정에서 권력을 갖기 위해서 겪어야 하는 그 모든 위험들을 이미 경험했기 때문이다. 만일 태양이 왕이고 세턴이 그를 수행하는 고위관료 또는 책사라면, 세턴은 태양이 왕으로서 겪어야하는 영광뿐만이 아니라 고통과 수난, 질시와 함정까지도 낱낱이 파악함으로써 상관인 왕을 보좌하는 실무형 책사다. 또한 권력의 뒤안길에 숨어있는 어두운 부분들을 자신이 감내하거나 처리함으로써 왕의 겪어야할 고통과 수난을 대신 처리해주기도 한다.

세턴이 부여하는 부정적인 느낌들은 인생에서 개인이 겪어내야만 하는 일종의 테스트다. 시험을 볼때는 누구나 긴장과 두려움의 감정을 가지는 된다. 그러나 최선을 다해서 노력했다면 시험 후에 개인의 마음은 홀가분할 것이고, 목적한 바를 성취했다면 기쁠 것이다. 그러나 만일 성취하지 못했다면 세턴의 실패가 부여하는 또 다른 고통과 회한에 잠길 수도 있을 것이다. 그러나 적어도 최선을 다하지 못했다는 안타까움은 없을 것이다. 세턴이 부여하는 고통은 개인의 체력과 정신을 고갈시킨다.

쎄턴은 질서, 뼈대, 구조, 조직, 체계, 규칙, 유

산, 전통을 의미한다. 질서는 구조와 체계를 지닌 집단과 조직을 포함해서 우리가 소속된 사회를 유지하는데 필요한 성질로서 일정한 원리에 따라 계통적으로 결합된 체계, 순서의 의미가 함유되어 있다. 구조와 체계를 지닌 모든 집단과 사회는 그들을 조직하는 뼈대를 지니는데, 이들은 대부분 위에서 아래로 전수되는 집단의 규칙과 체계가 있다. 이들 속에는 과거로부터 현재에 전해지는 유산의 의미가 함유되어있는데, 과거에서 전해지는 바람직한 사상과 관습, 행동이 규칙과 질서를 가지고 함유되어 현대에까지 이른 유산을 전통이라고 일컫는다.

인체 내에서 세턴은 뼈, 척추, 치아 등을 상징한다.

애정운에서 세턴은 성공하기 전에는 쉽게 연애나 혼인 관계를 맺지 않는다. 그러나 세턴이 누군가와 결혼하기로 결심했다면 그것은 혼인이 자신의 성공에 도움이 된다고 판단했기 때문일 것이다. 그러나 세턴이 비록 계산을 가지고 결혼했다고 하더라도 결혼 후에는 그 결혼 생활을 지키기 위해서 자신의 책임과 의무를 다하는 타입이다.

우레너스

우레너스는 어퀘리어스의 지배하는 행성으로 일신일일신우일신9)과 독특한 개성을 상징하고, 자유와 독립, 정신적 각성, 갑작스럽고 예측할 수 없는 변화와 혁신, 분리 등을 의미한다.

우레너스의 원형신인 프로메테우스는 쥬피터 신의 명령을 어기고 인간에게 불을 전해줌으로써 인간의 문화와 의식에 혁명을 일으키게 한 신이다. 그럼에도 불구하고 프로메테우스는 인간에게 사랑받기보다는 반항과 폭동, 저항의 신으로 더 이름이 높다. 우레너스는 첨단 과학기술을 상징하기도 한다. 현대 과학기술의 총아인 핸드폰은 전 세계의 네트워킹망을 손바닥 안에 캡슐화시켰다. 그러나 인간에게 엄청난 물질적 자유를 선사한 고도의 과학기술이 인간이 정신으로부터 얻는 자유를 압도해서 시대적 혼란과 혼동에 빠뜨린 것도 우레너스의 상징적인 힘을 암시한다.

우레너스는 빠른 생각과 통찰력, 그리고 천재성을 상징한다. 머큐리의 업그레이드 버전으로

---

9) 우레너스는 과거의 모든 제약과 한계로부터 자신을 해방시키는 행성이다.

강한 전기력을 의미하는 우레너스는 개인에게 엄청난 정신의 각성과 자각을 준다. 그러나 반대로 예기치 않은 엄청난 충격적 사건으로 기존에 고수하던 방식을 깨뜨림으로써 정신을 놓아버리거나 정신이 나가버리는 충격과 고통에 이를 수도 있다.

 우레너스의 힘은 모든 것으로부터 분리와 이탈을 가져오는 힘이다. 우레너스에 의해 야기되는 사건들은 이혼에서부터, 갑작스럽게 겪는 육체적 사고, 치매와 같은 병이며 천재지변으로 일어나는 사고나 갑작스러운 재산 손실 등의 사고로 나타난다. 우레너스가 주는 변화가 개인에게 엄청난 충격으로 다가오는 이유는 이 행성의 예측 불가성 때문이다. 그러나 우레너스의 예측 불가함과 파괴성은 개인의 의식에 각성과 자각을 일으키기도 한다. 우레너스가 가져오는 충격은 개인의 집착 정도에 따라 그 충격의 체감온도가 달라질 수 있다. 집착이 강할수록 우레너스의 충격은 더 커지는데, 사실 커진다는 표현보다 엄청나다 또는 하늘이 무너져 내리는 것 같다는 표현이 더 어울릴지도 모르겠다. 그러나 하늘이 무너지는 것은 개인의 의지 바깥의 일이기 때문에 우레너스가 가져오는 충격은 개인을 더 망연자실하게 할 수 있다.

우레너스가 위치하는 하우스에서 개인은 자유와 독립을 추구하며 비관습적이고 자신만의 고유함과 독특함을 원한다. 우레너스는 천재적이며 발명가적 특성을 드러내기도 하지만, 때로 그가 기괴함으로 표현될 때는 사람들의 이해를 받지 못할 수 있으며 반항자, 반역자로 간주되기도 한다.

우레너스의 파괴적 의미는 불필요한 구태를 파괴하고 더 큰 지평선을 넘어가는 것이지만, 이것이 부정적으로 발현된다면 혁명이 아닌 폭동, 대안 없는 파괴, 목적이 없는 반항이나 본말이 전도된 문화유산과 전통 파괴로 귀결될 수 있다. 이들은 과거를 답습하는 것을 거부한다. 모든 것으로부터의 자유를 원하기 때문이다. 속도와 충동, 변화와 새롭고 독특하며 이전에는 존재하지 않은 것들을 추구하며 관습과 관례, 구조 그리고 루틴에 저항하고 뒤흔들지만 세턴10)의 의미를 잘 새기지 않는다면 우레너스의 발현은 무의미하며 단지 파괴를 위한 파괴로 끝나기도 한다.

우레너스가 발견된 1871년을 전후해서 미국혁명과 프랑스 시민혁명11)이이라는 두 개의 큰 혁

---

10) 세턴과 우레너스는 어퀘리어스의 지배 행성이다.

명이 일어났는데, 이 혁명은 세계를 새로운 시대로 이끈 거대한 전환점이 된다. 이 혁명을 통해서 이루어진 인종과 계급의 철폐는 태양이 왕이라는 한 개인만의 사유물이 아닌 모든 인간의 것임을 암시함으로써 우레너스 행성이 지닌 의미[12]를 충실히 반영했다. 또한 태양이 왕이라는 무소불위의 한 권력자의 소유가 아닌 모든 사람들의 것임을 주장함으로서 국민이 존재하지 않는 국가는 의미가 없다는 새로운 의식을 천명했다.

애정운에서 우레너스는 마스의 업그레이드 버전으로 누군가를 5분 만에 사랑할 수 있지만, 그와 5분 만에 이별할 수도 있어서 바람기, 이혼, 기러기 부부를 의미하기도 한다. 우레너스는 광대이자 코메디언이기 때문에 자유를 갈구하는 사람들에게 매력적인 존재로 부각될 수 있다.

---

11) 이 두 혁명으로 인해 흑인은 자유를 얻게 되었고, 왕의 권력은 시민에게 넘어감으로써 인류의 평등과 휴머니즘 시대의 서막을 알렸다. 이것은 우레너스가 구태와 전통을 파괴하고 새로운 정신을 지향하는 행성임을 반영한다. 또한 인간의 자유와 평등을 실현한 인간의 자유와 평등을 지향함으로써 과거 봉건주의의 구태를 부수고 휴머니즘 시대로의 전환을 의미한다.
12) 우레너스는 자유와 브라더후드의 행성이다.

넵튠

넵튠은 파이씨즈를 지배하는 행성으로 에고의 해체를 통한 더 큰 우주와의 합일을 의미하며, 희생, 사랑, 기만, 신비주의, 종교, 환영, 매혹, 유혹, 사치, 슬픔, 망각, 중독, 술, 죽음, 상실, 바다, 음악, 서정성 등을 의미한다.

넵튠의 바다는 모든 물들 중에서 가장 거대한 물이다. 바다가 누구도 거부하지 않듯이 넵튠도 모든 상황과 사람의 감정을 그래도 품어버리는 경향이 있다. 넵튠의 이러한 성향은 타인에 대한 이해심 내지는 동정심, 특히 불행한 사람과 동물들에 대한 깊은 동정과 연민으로 드러난다. 그러나 이들은 판단력에서 자주 실수를 겪는다. 이들은 강한 물기운에 의해서 상대를 이성이 아닌 감성과 감정으로 대하는 경향이 있지만 이들이 지닌 감정은 현실 세상에서 이익을 내기보다는 잃는 게 너무 많다. 왜냐하면 자신의 이익을 따지기 이전에 끊임없이 타인에 대해서 이기심 없이 일해주는 경향이 있기 때문이다.

그러나 넵튠은 자신의 에너지를 주고도 아무 댓가도 돌려받지 못하는 경우가 많다. 무엇보다도 바다에 내포된 무경계성 때문에 넵튠은 타인과의 경계에 있어서 어려움을 겪고 타인에게 그대로 휩쓸려 버리는 경향이 있다. 이들의 강한 물기운은 주위의 모든 분위기를 빨아들인다. 따라서 차트에서 넵튠이 너무 강할 때 나와 상대 경계 및 자신의 소유권을 분명히 하는 연습을 할 필요가 있다.

바다는 상실과 슬픔의 공간이다. 바닷가에서 시작된 연애는 하릴없이 끝나버려서 자주 상실의 아픔을 자아낸다. 바다가 주는 낭만과 서정성은 쉽게 로맨스로 이어지지만, 바다의 기운이 내포하는 안개와 포말들은 이러한 로맨스의 허무함을 암시한다.

넵튠은 드라마와 영화의 행성이다. 상대의 상황과 감정을 자신의 옷처럼 입어버리기 때문에 그는 타고난 연기자다. 그러나 연기와 현실을 혼동할 정도로 연기에 몰입하기 때문에 한 작품이 끝나고 나면 기진맥진 쓰러져 병을 앓기도 한다.

넵튠은 중독과 관련된다. 넵튠이라는 거대한 무의식은 통제할 수 없는 힘으로 인간을 도발해서 우울증과 피해의식, 환상과 자기기만에 빠지게 한다. 그는 현실에서 자신이 당하는 고통이 어디서 기인되었는지 모른다. 이러한 고통을 피하기 위하여 각종 술과 약물에 빠질 수 있다.

넵튠은 음악이다. 음악은 쏘울의 치료자이기도 하지만 동시에 감정에 낭만과 사랑을 일으켜서 기만과 착각, 환각의 상태로 이끌기도 한다. 신화 속에서 싸이렌의 노랫소리는 넵튠의 기만적이고 최면적인 힘을 보여주는 대표적인 예이다. 선원들이 배를 타고 지나가다가 바다에서 들려오는 싸이렌의 노래 소리에 매혹되서 스스로 바닷물 속으로 뛰어들어 죽음에 이르곤 했다. 현명한 오딧세우스는 싸이렌의 유혹에 빠져 스스로 죽음에 이르지 않기 위해서 자신의 귀를 막고 몸을 배에 꽁꽁 묶어서 살아남을 수 있었다. 넵튠이 일으키는 매혹이 어떠한 엄격하고 강력한 힘도 붕괴될 수 있음을 의미한다. 넵튠은 과거 절대 권력자들을 매혹시켜 몰락에 이르게 한 절세 미녀들의 기만적인 아름다움을 의미하기도 한다.

넵튠이 지닌 망각의 힘은 마취와도 연관된다. 넵튠이 발견된 시기를 전후해서 발명된 클로로포름과 같은 마취제는 의학에 엄청난 발전을 가져왔고 환자 치료에 큰 도움이 되었다. 따라서 넵튠은 힐링의 별이기도 하다. 넵튠이 불러일으키는 망각과 착각의 또 다른 측면은 일종의 최면제 역할을 한다. 알콜(술)은 이러한 넵튠의 기능과 무척 닮아있다. 술은 고통의 마취제로서 힘든 사람들이 술을 마시면 일시적으로 망각에 이르게 되서 상심에 빠진 가슴을 더 복받치게 하거나 표출하도록 해서 정화시키는 작용이 있다. 또한 음주는 일시적으로 에고를 해체시켜서 사람들 간의 벽을 허문다. 따라서 음주는 서먹서먹한 관계를 친밀하게 하지만, 그러한 기운이 일시적이라는 면에서 기만이나 사기, 희생 등에 연루되기 쉽다. 음주와 함께 일어나는 실수는 술의 망각기능에서 기인한다.

애정운에서 넵튠은 기만적인 사랑의 희생자가 되기 쉽다. 흔히 자기만의 안경을 쓴다고 표현하는 넵튠의 기만적 사랑은 그가 건강하고 매력적인 사람보다 일종의 루저를 선택하는데서 기인한다. 넵튠의 사랑은 인어공주의 사랑에 비유되기도 한다. 그는 자신의 모든 것을 바치지만 어떤 것도 돌려받지 못할 수 있다. 바다의 서정성을 닮은 것 같은 이들 감정의 이면에는 파도와 같은 격정이 있다. 만약 상대에게 아무것도 돌려받지 못하는 사랑을 하게 된다면 마치 격랑에 흔들리는 배가 파고에 부셔져 버리는 듯한 파괴적 감정에 이를 수 있다. 이들은 특히 바닷가에서의 연애를 주의할 필요가 있다.

플루토

　플루토는 스콜피오를 지배하는 행성으로, 변형과 재생을 상징하며, 성, 죽음, 독, 재생, 힘, 비밀, 수술 등을 의미한다.

　플루토의 본성은 죽음에 기원을 둔다. 죽음 앞에서 인간은 완전히 벌거벗는다. 죽음은 진실을 드러내는 힘이 있다. 죽음은 한주기의 완전한 끝이고, 끝은 새로운 시작을 의미한다.

　플루토는 힘과 권력의 행성이다. 플루토의 가치는 비밀로부터 만들어진다. 플루토는 머리와 마음속으로 모든 상황과 사람을 주시하고 분석한다. 어둠 속에서 바라보는 자는 태양 앞에 환히 자신을 드러낸 사람의 모든 움직임을 파악할 수 있는 법이다. 그는 상대의 비밀과 약점을 환하게 꿰뚫어본다. 그러나 플루토의 무표정은 상대로 하여금 그의 전략가적인 기질을 눈치채지 못하게 한다. 플루토의 이러한 힘을 더욱 강력하게 만드는 것은 그의 극단성이다. 플루토의 근원적인 힘은 이원성과 음양의 지배를 받는 성(性) 에너지의 통합된 힘이 발산하는 폭발적이고 극적인 힘이다. 그는 침묵과 무표정으로 자신의 에너지를 극단적인 상태까지 축적한다.

플루토의 강력한 힘은 갇혀진 불의 폭발력에서 기인한다. 그는 적절한 타이밍이 될 때까지 절대로 자신의 힘을 드러내지 않는다. 플루토는 영하 20도 가량의 미묘한 액체이다. 만약 그에게 손가락이라도 살짝 댄다면 마치 드라이아이스의 냉기에 동상을 입은 것과 흡사한 결과가 초래될 것이다. 플루토는 가차없는 행성이다. 그는 모(all) 아니면 도(nothing)다. 완전히 사랑하지 않으면 완벽하게 증오하고 전부를 소유하지 못한다면 모두를 버릴 것이다. 사랑을 대하는 플루토의 폭력적일 수도 있을 만큼의 강한 집착은, 미워하는 자에 대해서는 상대의 모든 것을 부인하고 말살하려는 극단적 부정성으로 드러난다. 그에게 중도나 중화라는 단어는 나약함을 의미할 뿐이다.

엄청난 폭력, 성적학대, 납치와 감금, 약물과 도박 중독, 성 중독 등은 본능적 힘이 정화되지 못한 플루토의 동물적인 힘이 사용된 경우다. 플루토의 극단성은 엄청난 폭력의 가해자 또는 피해자를 양산한다. 플루토와의 대면은 죽음마저도 불사할 각오를 요구한다. 적당히 구워삶으려거나 어물어물 넘어가려고 한다면 그로부터 잔인한 한 방을 맞을 각오를 해야 한다.

플루토의 독특한 물 기운은 강력하며 복잡한 감정과도 연관된다. 터부를 의미하기도 하는 플루토는 사회에서 일반적으로 용인하지 않는 감정을 다룬다. 그것은 내면이 얽히고 섞여서 그 원인과 기원을 알 수 없으며 통제할 수 없는 분노나 폭력, 성, 파괴와 연루된 감정이다. 혹자는 그것을 화장실에 비유하기도 한다. 플루토가 본능의 힘을 통제하지 못할 경우, 그의 막강한 힘은 잘못된 방식으로 오용되거나 악용될 수 있다.

플루토는 완전한 파괴 후의 재건을 의미한다. 죽음을 경험하거나 죽음과 같은 상태를 경험한 자는 완전히 새로운 사람으로 변형된다. 상대의 성질을 완전히 변화시킨다. 흔히 이러한 변화를 변형(transformation) 이라고 말한다. 플루토의 본능이 완전히 정화된다면 그는 위대한 힐러가 될 수도 있다.

12 싸인

인간은 욕망의 존재다. 12가지의 싸인은 인간의 동물적 욕망을 상징한다. 첫 번째 싸인인 에리즈는 독립적이고 경쟁적으로 무엇인가를 추진하면서 앞으로 나아가고자하는 인간의 욕망을 상징한다. 토러스는 소유하고 유지하고 보호하고자하는 욕망을, 제머나이는 지식의 수집과 배포를 통한 소통의 욕망을, 캔서는 양육과 캐어를 통해 생명을 성장시키려는 욕망을 상징한다. 리오는 자기표현력이라는 창의적 능력을 통해서 인생을 즐기고 생명력을 고양시키고자하는 욕망을, 버고는 기술력의 증진과 고용 경험을 통해 사회진출의 기반을 쌓고자하는 욕망을, 리브라는 관계와 협력을 통해 중도와 조화를 배우고 각자의 이익을 실현하고자하는 욕망을, 스콜피오는 배우자, 더 나아가 다양한 계약상의 파트너를 통해 물질을 공유하고 확장하고자하는 능력을 상징한다. 캐프리컨은 물질을 마스터함으로써 사회에서 최고의 권력과 명예를 누리고자하는 욕망을, 어퀘리어스는 동일한 목표와 관심사를 가진 사람들 간의 목표실현과 정신적 초월의 욕망을, 파이씨즈는 에고의 용해를 통해 영성을 추구하고자하는 욕망을 상징한다.

에리즈

에리즈는 천상천하유아독존, 즉각성, 자기주장 등을 상징한다. 불과 카디널의 싸인으로 에리즈가 부정적인 의미로 사용되면 지배와 정복, 침입 등을 의미한다. 에리즈의 상징인 숫양은 새싹이나 고개를 숙인 채 두 뿔로 장애물을 들이받으며 전진하는 박서를 연상시킨다. 계절로는 새 생명이 탄생하는 봄으로 3월 중순부터 4월 중순까지의 시간에 상응한다. 새싹처럼 어리기 때문에 순진함과 순수함을 의미한다. 12싸인 중 첫 번째의 싸인이기 때문에 에리즈는 모든 것의 시작을 의미하며 생명의 태동과 관련있다. 에리즈의 시간은 젊은이의 시간에 비유된다. 겁이 없고 기운이 넘치고 저돌적이고 약동하지만 생각없이 행동 먼저 해버리고 마는 성향 때문에 사고에 노출되기 쉽다.

이들의 열정이 지나쳐서 공격적일 때 성숙하고 연륜있는 어른의 공격을 받으면 전의를 완전히 상실하고 쓰러질 수 있다. 그러나 생명력이 넘치기 때문에 다시 일어서는 힘도 강하다. 에리즈는 개인의 용기를 대변하고 공격에 즉각적으로 반응하며 리비도라고 불리우는 생명에너지를 의미한다. 불의 영향으로 화려한 것을 좋아하고 열정적이다.

불은 모든 것을 밝힌다. 따라서 이들은 오픈북이다. 비밀이 없고 정직하지만 비밀이 있어도 잘 지키지 못한다. 성질이 급하고 격렬하기 때문에 때에 따라서 좋지 않은 사람으로 오인 받을 수 있다. 불과 카디널13)의 영향으로 모든 불 싸인들 중에 가장 격렬하고 성격이 급하며 솔직하지만 기교가 없고 무뚝뚝해서 상대에게 상처를 주기도 한다. 에리즈는 새로운 사람을 만나는 것을 좋아하고 사회성이 있지만 성격이 급해서 독선적이어서 협업이나 조직생활보다는 사업가체질이다.

에리즈는 리더다. 12번째 싸인이자 에리즈의 바로 전 싸인14)인 파이씨즈라는 긴 어둠을 뚫고 태어난 에리즈는 강력한 탄생의 기운을 가지고 있기 때문에, 자기주장이 강하고 마치 하늘 아래 자신 혼자 존재하는 것처럼 언제나 '나 먼저'를 주장한다. 따라서 에리즈에게 타협이나 협동을 기대하기는 어렵다. 그러나 타인의 액션이나

---

13) 싸인 운동성의 성질을 의미하는 카디널, 픽스드, 뮤터블로 구성된 양태성(Modality) 중 카디널은 직진의 운동성을 의미한다.
14) 점성술 차트를 구성하는 12 하우스 중 12 하우스를 지배하는 파이씨즈는 1 하우스를 지배하는 에리즈와 맞물려 있다.

공격에 대해 즉각적으로 반응하고 필요할 때 자신을 지키는 힘으로 '용기'를 상징한다. 그러나 저돌적인 성질과 겁 없고 무모함은 사고 노출의 원인이 되기 쉽다.

이들은 항상 태울 것을 찾아다니는 것처럼 자극에 반응하고 새로운 것을 좋아한다. 그러나 불은 모든 것을 태워 버린다. 모든 것이 타버린 후에 주변은 온통 뿌옇고 시커먼 재만 남는다. 이들과의 사랑은 불처럼 타올랐다가 꺼져버려서 허무할 수 있다. 불은 세상을 환하게 밝힐 수도 있지만, 모든 것을 삼켜버릴 수도 있다. 에리즈가 세상을 환하게 밝힐 때 그는 자신의 불을 정신력으로 사용하고 결과적으로 모험이나 탐험, 연구를 통해 새로운 장소를 발견하고 새로운 물건을 발명한다.

그러나 한 곳에 오래 안주하지 못하는 기질 때문에 에리즈들은 개척이나 발명이 끝난 후에 그것을 소유하고 누리기보다는 또 다른 개척지를 찾아 떠나며 이것이 에리즈들의 위대한 정신이다. 일에 있어서 정력적으로 일하고 언제나 시작할 준비가 되어있어 많은 프로젝트를 벌여 놓는다. 그러나 시작은 잘하지만 끝을 잘 맺지 못해서 무책임하다는 평가를 듣기 쉽다.

에리즈는 추격자다. 강렬하고 역동적인 이 불 싸인은 마치 화살처럼 목표를 향해 돌진한다. 그러나 에리즈는 목표물을 소유하는 것보다 그를 추적하고 정복하는데 더 희열을 느낀다. 에리즈는 속도와 자극 그리고 흥미의 싸인이다. 그는 화려한 것을 좋아한다. 자극을 즐기고 자극이 사라지면 또 다른 자극을 찾아 떠난다. 에리즈는 도전할 수 없는 것에는 흥미를 느끼지 않는다. 에리즈의 남자는 나이 들어서는 자신의 기질을 유화시킬 필요가 있다. 에리즈는 젊은 기질이기 때문에 누군가 저 사람은 나이가 먹어도 성질이 죽지 않는다라는 평가를 듣는다면 차트에 에리즈와 같은 불기운이 너무 수승하기 때문일 수 있다.

에리즈는 신체적으로 얼굴이나 머리를 의미한다. 따라서 강한 에리즈를 가진 사람은 얼굴이 붉거나 두통에 시달릴 수 있다. 그러나 불은 확산하고 흩어지기 때문에 돈을 잘 모으지 못하고 막 써버리는 경향이 있다. 야망이 매우 강해서 반드시 성공하려는 의지가 강하며 도전정신이 있고 경쟁심과 투쟁심이 강하다. 이것은 이들의 언제나 앞장서야하고 자신이 먼저여야 하는 성향에서 기인한다.

직업운에서 에리즈는 아이디어맨, 개척자(어느 분야에서든지), 발명가, 모든 프로젝트에서 시작하는 사람들, 고통해결사, 리더, 모험가, 집행자, 소방수, 박서, 숲감시원, 공학자, 무기 전문가 및 판매상, 경찰, 기계 다루는 사람, 강철 노동자, 차력사, 자물쇠공, 수리공, 속도와 대담함을 지닌 운동가, 카레이서, 강렬하게 몸 쓰는 운동선수, 댄서, 운동치료사, 체육교육지도사, 외과의사 등이 있다.

토러스

　토러스는 물질을 소유하고 보유하는 힘으로 토러스가 다루는 물질은 돈을 비롯한 유동자산, 농산물, 의·식·주 등이 포함된다. 토러스의 상징은 소다. 예로부터 농가의 일손을 돕는 동물이자 가계의 생계 수단이었던 소는 물질의 성질과 물질을 끌어당기는 방법에 대한 많은 이야기가 담겨있다. 소는 매사에 느린 동물로 느리게 씹고 느리게 움직인다. 이러한 소의 성질은 물질을 끌어당기려면 서두르거나 빨라서는 안 됨을 상징적으로 말해준다. 빠름은 물질을 흩트러 뜨린다. 토러스는 감각적인 싸인이다. 의식주의 물질을 다룰 때 또한 돈을 끌어당길 때 토러스는 오감을 이용한다. 감각은 물질을 인식하는 수단이기 때문이다.

　토러스는 성격이 좋다는 평판을 듣는다. 토러스는 흙과 픽스드의 영향으로 안전지향적이며 서두르지 않으며, 쉽게 화를 내지 않고 감정을 잘 드러내지 않아서 여유 있고 안정적이며 신뢰를 준다. 그러나 한번 화가 나면 싸움소처럼 무섭다. 그러나 일반적으로 이들은 저항하거나 밀쳐내지 않고 수용할 줄 알기 때문에 이들 주위에는 사람과 물질이 모인다.

토러스는 현실적이다. 이들은 배운 것은 반복적으로 익히고 그것을 물질화시키는 능력이 있다. 만일 물질화나 현실화시킬 수 없다면 배우지 않을 것이다. 한번 내린 결단을 끝까지 밀고가는 집요함, 결과가 얻어질 때까지 반복적으로 노력하고 견디는 힘, 성공에 필수 요소인 근면함과 성실성은 이들을 끝내 성공으로 도달하게 하는 힘이다. 그러나 이들은 변화에는 속수무책이다. 이들이 변화에 완강하게 저항하는 경향은 마치 물가에 끌고 간 소가 물을 마시지 않으려고 완강하게 저항하는 모습과 흡사하다. 그러나 당연히 변화를 수용해야하는 상황에서조차 합리화시키며 변화를 거부하는 경향은 스스로를 고통스러운 상황에 빠뜨리게 한다.

토러스는 안전을 중시하기 때문에 돌다리도 두드려보고 건넌다. 이들은 조심스럽기 때문에 새로움보다 익숙함을 좋아하고 변화를 신뢰하지 않기 때문에 친구도 잘 아는 소수의 친구들만 사귄다. 토러스가 가장 좋아하는 공간이 집이라는 점에서도 그가 얼마나 안전과 익숙함을 좋아하는지 알 수 있지만, 사회성이 강한 비너스의 영향으로 관계와 물질을 끌어당기는 힘이 있다. 이들은 새로운 것을 개발하고 창조하기보다 누군가에 의해서 창조된 것들을 가꾸고 안정화시켜서 이익을 얻어내는 타입이다.

연애운에서 토러스는 예술적이며 감각적이고 세련되면서도 동시에 성실하고 안정적이며, 진지하고 솔직해서 연인으로서 매력적인 상대다. 그는 친구든 연인이든 관계가 안정적이고 오래갈 수 있는 상대를 원하기 때문에 누군가를 알자마자 그와 친구나 연인관계로 들어가는 타입은 아니다. 그는 시간을 들여 상대를 탐색하며, 상대가 자신의 풍요로운 물질을 함께 나눌 수 있는 신뢰할 수 있는 사람인지 테스트한다. 이것은 어떤 일을 결정할 때도 마찬가지다. 그는 결정하는 데 시간을 들여서 충분한 정보를 수집하고 타인의 조언을 참고하지만 결정할 때는 타인의 의지에 휘둘리지 않고 자신의 결단력으로 밀어붙이며 한 번 결정한 것은 쉽게 번복하지 않는다.

주식시장을 불장(Bull Market)이라고 언급하는 점에서도 알 수 있듯이 금전운에서 토러스는 투자 지식이 훌륭하다. 그는 돈이 될 것을 감지하는 뛰어난 능력을 가지고 있지만 투기성향의 사업에는 손대지 않는 편이다. 오랜 정보탐색기간을 거친 후 투자를 결정하기 때문에 모험을 걸거나 위험을 감수하지 않으며 단기투자보다는 장기투자를 선호하며, 올인하기보다는 안전한 분산투자를 선호한다.

　직업운에서 토러스는 농부, 건축감독자, 조경예술가, 정원사, 돌수집가, 보석수집가, 건축가, 목수, 집계약자, 콘크리트 제조자, 레미콘 다루는 사람, 지압요법사, 마사지 치료사, 미용사, 컴퓨터 프로그래머, 은행장, 은행원, 증권전문가, 재정가, 자금관리사, 투자자문가, 보안 분석가, 보물 다루는 사람, 예술가, 건축가, 보석상, 도자기 제조자, 패션디자이너, 수선가, 플로리스트, 뮤지션, 싱어, 목소리 교사, 목 전문가 등과 관련된다.

제머나이

제머나이는 지식과 배움 그리고 소통의 싸인이다. 지식욕이 강한 제머나이는 언제나 자신을 최신 뉴스로 무장한다. "나는 안다"라는 모토를 지닌 제머나이에게 지식은 자신을 안정시키는 좋은 재료이다. 호기심이 왕성하며 많은 지식을 조금씩 알고 있는 백과사전형의 지식광이다. 그러나 이들의 방만한 지식은 깊이가 결여된 경향이 있으며, 숲보다 나무를 보는 성향으로 인해 피상적이라는 평가를 듣는다. 호기심이 많지만 싫증을 빨리내고 자극을 추구하기 때문에 집중력이 떨어지고 목적없이 힘을 남발하는 경향이 있다.

언어와 관련된 모든 직업에서 소질을 보인다. 그러나 지식으로 똘똘 뭉친 제머나이는 마음보다 두뇌형이기 때문에 논리의 비약과 비윤리성에 빠질 우려도 있다. 따라서 그의 언어가 부정적으로 사용될 때 가십이나 치명적인 글로 타인에게 해를 가할 수 있다. 신문과 타블로이드 신문 모두 제머나이의 영역임에서 그것을 알 수 있다.

제머나이는 늘상 배우려고 한다. 그는 언제나

말하고 있기 때문에 에너지 소비가 많고 부산스럽고 정신없어서 쓸데없이 에너지를 흩뜨러뜨리는 경향이 있다. 바람과 뮤터블의 기질 때문에 말과 행동, 생각과 사고가 빠르다. 신체적으로나 정신적으로나 번잡하며 한 곳에 오래 머물지 못하고 항상 새로운 흥밋거리를 찾아다닌다. 마음보다 머리로 사람을 사귀는 경향때문에 상대와 감정적으로 잘 연루되지 않는다.

매우 숙련된 언어 사용자가 아니고서는 언어가 한 사람의 마음을 100퍼센트 정확하게 표현하기 어려운 것처럼 이들은 태생적으로 자신의 마음에 잘 닿지 못한다. 이러한 피상성으로 인해 한 장소 한 사람에게 오래 머무르기 힘들다. 사람을 깊게 사귀지 못해서 지인은 많아도 친구는 적다. 이들의 시간은 마치 활동사진처럼 다음 그 다음으로 빨리빨리 넘어간다. 타고난 말빨로 자신의 지식을 자랑하지만 이들의 지식은 허황되게 느껴질 때가 많다. 단지 머리로만 지식을 알고 있기 때문이다.

제머나이는 이중성의 싸인이기도 하다. 두 번의 결혼, 두 명의 애인, 두 명의 자녀, 두 개의 커리어, 두 가지의 마음 등을 의미한다.

직업운에서 제머나이는 소통과 이동에 관련된 모든 직업을 비롯하여, 작가, 교정보는 사람, 광고 전문가, 카피라이터, 편집자, 리포터, 선생(교사), 강사, 언어학자, 스피치 치료사, 도서관사서, 도서점원, 출판사, 잡지사직원, 디스크 쟈키, TV 프로듀서, 전화담당자, 텔레마케터, 수리공, 편의점 직원, 메신저들, 메일전송자, 우체부, 택시 드라이버, 철도직원, 비행기 파일럿, 회계사, 무역일 담당자, 기자, 영업사원, 인쇄공, 책 배포자, 점원, 공익노동자, 비서, 타이피스트, 활자세팅하는 사람, 메일전송자, 우체부, 택시 드라이버, 버스 드라이버, 철도직원, 비행기 파일럿, 회계사 등과 관련된다.

캔서

캔서는 보살핌과 캐어, 어머니와 아이의 싸인이다. 캔서의 상징은 게다. 어머니인 동시에 아이이기 때문에 안전을 매우 중시한다. 어머니는 아이를 보호해야하고 아이를 위해서는 안전한 가정이 필요하다. 양육기질을 타고난 캔서는 안전하지 않은 것은 본능적으로 감지한다.

캔서는 전략가다. 거친 바닷가에서의 삶은 이들이 돌아서 가는 법을 배우게 했다. 자녀를 사랑하고 그들을 지키는 어머니도 돌아서 가는데 능숙하다. 자녀의 마음을 제대로 살피는 어머니라면 결코 직진하지 않는다. 그래서 어머니는 전략가다. 캔서가 강한 사람들을 의외로 정치판에서 발견할 수 있는 이유도 이들이 돌아서 가는 법을 아는 사람들이기 때문이다. 물은 캔서를 꿈꾸게 하지만 거친 파도는 캔서를 전략가로 만들었다. 그래서 캔서는 시인이 될 수도 있지만 정치가가 될 수도 있다.

캔서의 감정은 변화무쌍하고 민감하다. 캔서의 상징인 게를 관찰해 보라. 이들의 모순은 단단한 껍질과는 다른 부드럽고 연약한 살에서 기인된다. 이들은 바닷개의 살처럼 매우 상처에 취약하지만, 거친 바다 생활은 이들에게 의도를 감추는 법을 배우게 했으며, 거친 파도의 반복적인 공격은 이들이 방어하는 법을 익히게 했다. 이들이 환경에 저항하지 않는 듯 보이지만 공격받으면 단단한 껍질 속으로 자신의 머리를 재빨리 감추고 게를 보라! 이들은 존중받지 못하면 무뚝뚝한 얼굴로 재빨리 자신의 상처받은 감정을 숨긴다. 사람들이 이들에게 부탁을 하거나 하소연을 할 때 강한 캔서들은 묵묵히 그들의 말을 듣지만, 의외로 무뚝뚝하고 퉁명스런 반응을 보일 때가 많다.

캔서가 비록 캐어와 양육의 싸인이라고 할지라도, 이들은 자신에 대한 존경심을 표하지 않는 사람들에게는 무뚝뚝할 수 있다. 이들에게 다가가고 싶다면, 이들을 존중해준다고 말로 표현해 주는 것도 좋다. 이들은 본능적으로 거짓과 진실을 파악한다. 따라서 입에 발린 말은 하지 않는 것이 좋다. 오랫동안 대답을 미루고 있다면 거절하는 표현으로 받아들이면 된다.

캔서는 강한 회기본능을 지녔다. 거친 바닷물에 휩쓸려 아무리 자기의 집에서 멀리 떨어진다고 해도 이들은 거친 파도를 돌아서 어떻게든 자신의 모래집으로 돌아온다. 따라서 캔서가 강한 사람들은 어렵고 힘든 일이 있을 때 어머니를 찾아 집으로 돌아가곤 한다.

캔서는 기억이다. 어머니는 기억을 만드는 사람들이다. 자녀는 어머니에 대한 기억을 평생 가지고 간다. 좋은 기억은 추억으로 나쁜 기억은 트라우마로...캔서는 수용성이 뛰어나다. 물은 모든 것을 흡수하고 수용하며 주변 상황에 쉽게 물든다. 캔서는 모든 기억을 담는다. 그는 기억력이 뛰어나다. 한번 들은 것을 잊어버리지 않는다. 특히 상처받은 기억은 왠만해선 잊지 않는다. 머리로는 잊었다고 해도 가슴에는 깊이 남겨둔다. 캔서는 성장해서도 어린 시절의 추억을 잘 잊지 않는다. 특히 어머니와의 좋은 기억을 가졌다면 여성들과도 좋은 관계를 갖는 경향이 강하다.

직업운에서 캔서는 부동산, 여관, 호텔 메니저, 호텔경영, 쉐프, 레스토랑, 농부, 사무실, 어린이집, 유치원 교사, 각종 양육 또는 케어와 관련된 일, 심리학자, 드라마 작가, 카운슬러, 간호사, 가족치료사, 수영강사, 토지주인 등과 관련있다.

리오

리오는 즐거움과 창조성, 과장과 드라마의 싸인이다. 태어날 때부터 왕이었던 그는 유일하고 독보적 존재로서 프라이드가 넘치며 고귀하다. 사람들은 리오의 당당함과 권위, 화려함을 우러러보며 환호를 보낸다. 그는 타인의 찬사에 익숙하기 때문에 환호를 당연하게 여긴다.

리오는 즐거움을 사랑한다. 그는 인생을 즐긴다. 그는 놀이를 좋아한다. 그는 인생을 놀이하듯이 살고 싶어 한다. 예로부터 대부분의 왕들 곁에는 항상 광대가 있었다. 광대는 놀이의 귀재다. 특히 왕 자신을 놀이의 소재로 삼는 광대의 해학과 통찰은 왕에게 즐거움과 더불어 자각을 주곤 했다. 즐거움은 심장을 튼튼하게 해준다. 심장은 태양이고 태양은 리오를 지배하는 행성이다. 심장이 건강하지 못하면 즐거움을 모른다. 리오의 강력한 생명력은 그가 모든 것을 즐기는 데서 발산된다. 즐기는 자를 이기기는 쉽지 않기에…즐거움 중에서도 리오를 가장 살아있게 하는 것은 연애다. 연애는 리오의 심장을 타오르게 해서 생명력을 활성화시키고 창조력을 강화시킨다. 예로부터 왕의 주위에는 많은 여인들이 있었고, 왕은 그녀들과 연애를 즐겼다.

리오는 관대하고 넓은 마음을 가졌지만 군주로서 리오는 상대의 충성을 요구한다. 리오에게 배신은 용납할 수 없는 행위다. 그의 마음이 비록 하해(下海)와 같이 넓다고 해도 자신의 권위를 넘보는 일은 절대로 용납하지 않는다. 왕의 권위는 자신의 왕국을 지키는 상징적 힘이기 때문이다.

리오는 사장이다. 리오는 올바른 판단력과 강력한 정신력을 지닌 리더로서, 뛰어난 경영능력을 가진 사업가다.

리오는 강인한 정신과 합당한 이성을 가졌지만 과도하게 자신의 의견을 고집한다면 독단적이고 지배적이 될 수도 있다.

리오는 화려하다. 금빛털과 황금갈기를 지닌 사자의 화려함이 그의 존재감을 강화시키듯이, 리오의 화려함은 그를 두드러지고 돋보이게 한다. 그는 타인의 시선을 즐긴다. 리오는 금이나 다이아몬드처럼 번쩍거리고 화려하고 사치스러운 것을 좋아한다.

리오는 열정적이다. 태어날 때부터 왕이었던 리오는 여유있고 관대하며 풍요롭다. 리오의 판단은 자신감이 넘친다. 리오는 드라마다. 과거처럼 왕을 쉽게 볼 수 없는 현대에 우리는 리오의 거창하고 과장된 태도를 연극 무대나 TV 드라마를 통해서 볼 수 있다.

직업운에서 리오는 배우, 극작가, 연예인, 댄서, 가수, 뮤지션, 서커스 공연자, 마술사, 스포츠 선수, 선생, 놀이공원 소유자, 도박자, 투기군, 집행자, 관리자, 메니저, 정부직원, 세일즈맨, 운동가, 판매직업, 어린이와 관련된 모든 직업들과 관련된다.

버고

버고는 현실주의와 효율성의 싸인이다. 그는 최소의 투자를 통해 최대의 효과를 거두어야 한다. 따라서 이들은 기본적으로 실용성을 중시하며, 근면하고 하루를 성실하게 일하는 사람들이다. 흙의 기질로 인해 결과와 성취를 중시하며 정신적인 공부를 통하여 자신을 업그레이드시키는 동시에 물질적인 결과물도 얻고자 하는 싸인이다.

버고는 논리적이다. 버고는 머큐리가 지배하는 또 다른 싸인인 제머나이와는 다르게 수학과 과학적 두뇌가 발달했으며 친목을 위한 대화나 수다를 좋아하지 않는다. 버고의 지성은 정돈되고 순서와 질서를 지키는 생활에서 더 활성화되는 경향이 있다. 노력의 힘을 믿는 사람들로서 노동과 일상의 가치를 소중하게 여긴다. 허황된 꿈보다 현실에 충실하는 삶을 산다.

버고는 완벽성을 향해 나아간다. 이들은 작은 오류가 전체를 망칠 수 있다는 신념을 가지고 있어서 과도하다 싶을만큼 작은 오류를 잘 찾아낸다. 완벽성만이 이들의 신경을 안정시켜주기 때문에 항상 완벽성을 기하기 위하여 번잡하고 분주하게 움직인다. 그러나 지나치게 완벽성을 추구하는 것은 이들의 감정을 여유 없고 메마르게 한다. 따라서 이들은 자신의 내면과 깊은 관계를 맺기 힘들다. 또한 타인의 경험을 자신의 것으로 일체화시키기가 쉽지 않으며, 타인의 입장이 잘 되지 못한다는 태생적인 한계를 가지고 있다.

버고는 자신과 타인에게 비판적이고 분석적이다. 언제나 분석할 준비가 되어 있어서 사건의 원인을 가장 잘 추론해 내는 사람들이다. 이러한 성향은 꼼꼼함과 정확성으로 이어진다. 이들은 근면 성실하고 현실 생활을 중시하는 정직하고 부지런한 일꾼이자 봉사자이다. 이들은 타인에게 정확하고 엄격한 기준을 설정하며 비판적이다. 이것은 지나친 잔소리로 이어지거나 더 부정적인 경우에는 타인을 흉보기도 한다. 버고는 모든 것을 비판한다. 지나친 분석 성향은 어떤 것도 그냥 지나가는 법이 없어서 작은 일을 오히려 너무 크게 만들어버릴 수 있다.

버고는 허황된 것을 믿지 않는다. 이들은 꿈꾸기보다 현실을 사는 사람들이다. 흙 싸인으로써 버고는 현실적인 결과물이 나오지 않는 것에 대해서는 신뢰하지 않는다. 이들은 자신이 노력한 만큼 결과가 나온다고 믿는 사람들로서, 미래보다는 일상에서 부딪히는 현실을 가치 판단의 기준으로 삼는다. 대학 응시를 앞둔 자녀가 버고성향이 강하다면, 문과 계열보다 이과 계열에서 강점을 드러내기 때문에 진학지도도 이공계 계통으로 해주는 것이 좋다.

버고는 분별심이 강하다. 완벽주의자로서 그는 깨끗하고 그렇지 않은 것, 건강에 좋고 좋지 않은 것에 대해 특히 민감하다. 버고는 디테일을 중시한다. 이러한 성향은 수학적이고 정확한 측량을 필요로 하는 건축, 회계, 디자인 등의 분야에서 버고를 우월하게 하지만, 숲은 보지 못하고 나무만 본다는 단점도 있다. 이것은 작은 실수로 큰 일을 망치지 않도록 대비한다는 점에서는 고무적이지만 전체성이 부여하는 완성도와 깊이를 놓칠 수 있다는 점에서 불리하다.

버고는 일의 싸인이다. 그가 일을 사랑하는 이유는 일은 그가 노력하는 만큼 완벽한 성취와 결과로 이어지기 때문이다. 버고는 모든 상황을 일을 대하듯 하기 때문에 때로 냉정해 보인다. 가령 버고의 어머니는 아이들에게 영양학적으로 철저하게 계산된 음식을 해줄 수는 있지만 자녀의 완벽하지 못한 점에 대해서 정확하게 지적하고 잔소리함으로써 자녀에게 상처를 주고 그들과 거리가 멀어질 수 있다. 머큐리의 지배를 받기 때문에 때로는 너무 예민하고 신경질적일 수도 있다. 자녀를 양육은 정확성보다는 사랑과 애정이 더 많이 요구되는 일이다. 따라서 버고의 어머니는 일과 육아를 병행함으로써 자신의 일 에너지를 분산시킬 필요가 있다.

애정운에 있어서 버고는 연애와 사랑도 일로 보는 경향이 있다. 그러나 일은 정확함과 완벽성을 통해서 완성되지만 사랑은 일처럼 정확할 수 없다. 버고의 완벽주의는 사랑에 있어서 걸림돌이 된다. 모든 것을 그냥 넘어가지 못하는 버고의 완벽주의가 사랑에 적용될 때 사랑은 부담이 될 수 있다. 사랑은 용서와 이해가 필요하지만 버고에게는 비록 사랑하는 사람이라고 해도 그의 잘못이나 실수는 그냥 넘어가기 어려운 문제다. 이것이 버고의 딜레마다. 연인에 대한 사랑이나 자녀에 대한 사랑은 모두 완벽주의로 성취할 수 있는 것들이 아니다. 따라서 버고는 결혼이 늦어지는 경향이 있다.

버고는 봉사와 서비스의 싸인이다. 버고는 약하고 아픈 사람들이나 동물들에게 동정심이 깊다. 버고는 이들에게 자신의 노동력을 제공함으로써 사회에 봉사로 기여하는 경향이 있다.

버고는 감정이 메말랐다. 버고는 흙과 뮤터블의 영향으로 정신적인 흙에 가깝다. 여기서 기인된 다소 무감각한 태도는 버고가 깊은 감정을 잘 드러내지 않게 하며, 장식어나 수식어를 잘 사용하지 않기 때문에 차갑고 드라이해 보이게 한다. 버고는 모든 상황을 일로 대하는 경향이 있다. 일처럼 정확하고 성실한 태도로 사람들을 대해도 그들로부터 많은 애정이 돌아오지 않는 것에 대해서 허무감을 느끼기도 한다. 버고의 완벽주의는 그의 결혼을 대체로 늦어지게 한다. 버고가 애완동물을 사랑하는 이유도 그의 완벽하고 꼼꼼함이나 냉정함과 관계없이 자신에게 사랑을 줄 수 있는 존재이기 때문일지 모른다.

직업운에서 버고는 통계인, 회계사, 세무사, 장부기록자, 컴퓨터 프로그래머, 속기 타이프라이터. 비평가, 모든 종류의 검열관, 도안가, 그래픽 예술가, 장인, 전문가, 건강관련 직업, 치료사, 정신과의사, 심리분석가, 사회노동자, 카운셀러, 간호사, 의사, 마사지 치료사, 치위생사, 치과의사, 비서, 공직 관리자, 음식 서비스 노동자, 웨이터, 다이어트 분야 종사자, 영양사, 채식주의자, 동물보호사, 가정부 등과 관련된다.

리브라

리브라는 결혼과 파트너쉽, 평화와 중도의 싸인이다. 비너스의 영향으로 타고난 매력과 세련되고 밝은 마음, 뛰어난 기교, 그리고 경쾌한 매너를 가지고 있는 리브라는 만나는 사람들을 기분 좋게 해주는 타고난 능력이 있다. 아름다운 모든 것들에서 힘을 얻기 때문에, 이들과의 만남에는 아름다운 것들이 곳곳에 편재되어 있다. 아름다운 장소에서의 멋진 식사와 함께하는 만남, 식사 분위기를 더욱 고취시켜주는 화려한 장식들, 이것이 리브라가 관계를 만들 때 수반되는 미적 요소들이다.

리브라는 평화와 중도, 조화, 그리고 관계의 싸인이다. 리브라의 상징인 천칭은 리브라에 대한 많은 것을 말해준다. 천칭으로 무게를 재는 원리는 대상 물건이 놓인 반대편 접시에 올려놓은 분동의 무게로 가늠한다. 이렇게 리브라는 마치 거울을 통해서 자신을 들여다 보듯이 상대를 통해 자신의 모습을 가늠한다. 따라서 리브라에게 관계가 매우 중요하다.

그러나 리브라의 관계는 피상적인 면이 있다. 바람과 카디날의 영향으로 이들의 마음은 감정

영역으로 잘 내려가지 않으며 마음보다 머리로 관계를 맺는 경향이 있다. 이들은 비너스의 영향으로 조화롭지 않거나 흉한 것을 싫어한다. 따라서 타인의 감정선과 엮이지 않음으로서 쿨한 관계를 유지하려는 경향이 있다. 누군가 자신의 화를 직설적으로 표현한다거나 홧김에 안 좋은 이야기를 하거나 상스럽게 말 한다면 이들은 단번에 안색이 변할 수 있다. 아름다운 물건, 아름다운 환경, 아름다운 옷, 아름다운 사람들에게 호의적인 반면, 아름답지 않은 것들은 대화의 소재거리로도 삼고 싶어하지 않는 성향을 지녔다.

리브라의 사교적 관계가 빛을 발하는 것이 국가 간의 외교다. 바람의 정신과 균형미를 지닌 리브라가 없다면 국가 간의 외교는 불가능할지도 모른다. 리브라는 모든 상황을 중도적 시선에서 바라보기 때문에 어느 편에게도 합당한 이유를 만들어줄 수 있다. 이러한 정신이 있기 때문에 리브라의 정신은 국가간의 분쟁 및 전쟁을 일으킬 수 있는 모든 요소들을 막으려고 시도한다.

리브라는 법을 의미한다. 리브라적 관계는 결혼이나 비즈니스 관계를 비롯 각종 계약에 의한 관계, 다양한 사회 속에서 만나는 사람들과의 관계를 포괄하며, 이 관계의 중심에 법이 있다. 법은 다양한 사람들로 포진된 복잡한 사회적 관계를 질서있게 유지하게 해주는 시스템이다.

 직업운에서 리브라는 모든 종류의 협상가, 카운슬러, 결혼상담사, 웨딩관련직업, 외교관, 노동자중재소, 배심원, 법률관, 매니저, 세일즈맨, 예술가, 건축가, 화가, 일러스트레이터, 사진기술자, 패션디자이너, 패션 산업노동자, 모자제조인(판매인), 색상컨설턴트, 의류가게 소유자 또는 의류판매원, 뷰티가게, 양품점운영자, 헤어드레서, 의상전문가, 장식품전문가, 화장품제조사와 거래자, 보석상, 꽃 관련 직업, 사탕제조자 등등이 있다.

스콜피오

스콜피오는 극단과 비밀, 권력과 죽음의 싸인이다. 스콜피오의 힘은 은밀하고 가장 어두운 감정의 심연(深淵)속에서 오랜 기간의 인내와 고통을 통해서 만들어진다. 스콜피오가 가진 감정은 인간의 가장 어둡고 은밀하여 차마 밖으로 드러내 보이기 힘든 감정들로 일반적으로 사회에서 용인되지 않거나 터부시되는 감정들이다.

스콜피오의 물은 아주 복잡하고 강력한 물이다. 그것은 겉으로 잘 드러나지 않는다. 마치 강의 표면에서 그 저류에 존재하는 물의 압력을 알 수 없듯이, 겉으로는 침착하고 산뜻해 보이지만 만일 그 강 속에 발이라도 담근다면 그대로 끌려들어가 버릴지도 모른다. 그는 포커페이스의 얼굴을 지녔다. 그의 표정은 자신의 패를 결코 드러내지 않지만 상대의 올인으로 곧 모든 판돈을 잃게 될지도 모르는 카드 플레이어를 닮았다. 무표정하지만 그의 내면은 끓고 있다. 이들은 공포를 동반하곤 하는데 거기에는 항상 '독(poison)', '치명적인(fatal)' 등의 단어가 따라다닌다. 왜냐하면 스콜피오의 상징인 전갈은 꼬리에 독을 지닌 맹독류의 생명체이기 때문이다. 그러나 이들을 도발하지 않는다면 자신의 독을 결코 함부로 사용하지 않는다. 극단으로 가면 돌이킬 수 없다는 사실을 알고 있기 때문이다.

스콜피오의 강렬함은 스콜피오의 극단성에 의해 더욱 강조된다. 이러한 요소들은 스콜피오의 독을 더 강화시킨다. 스콜피오의 극단성이란 무엇인가? 그 속에는 2라는 숫자가 포함되어 있다. 2는 활로가 양방향으로만 열려있어서, 이쪽 아니면 저쪽만을 선택해야 한다. 만일 쌍방이 서로 불편한 관계라면 빠져나갈 수 있는 통로는 없다.

따라서 그저 둘 중에 하나를 선택해야 하는 상황! 이러한 상황이 바로 스콜피오가 의미하는 극단적인 상황이다. 이들에게는 중간이 없다. 모 아니면 도다. 완전한 성공이냐 완전한 패망이냐? 완전히 사랑할 것이냐 완전히 증오할 것이냐? 전부를 걸 것이냐 전부를 잃을 것이냐가 이들과 관련된 적절한 표현이다.

물과 픽스드의 성질을 지닌 스콜피오는 금단의 감정과 연관된다. 터부로 일컬어지는 이러한 감정은 너무 극단적이고 격렬하여 차마 외부로 들어내기 힘든 종류의 것들이다. 스콜피오가 그들 내면의 분노나 격정을 정화하지 않는다면 그것은 부정적이고 파괴적인 힘으로 분출될 것이다. 그러나 내면에 감춰진 이들의 엄청난 힘이 정화된다면 그것은 긍정적이고 파워풀하게 뿜어져 나와 태양보다 강력 정화의 힘으로 뿜어져 나올 것이다.

따라서 통로를 허가받지 못한 감정을 지닌 스콜피오는 땅 속 깊이 비밀스러운 공간으로 더욱 깊이 파고 들어간다. 스콜피오의 감정은 그 심연을 알 수 없는 어두운 다크의 빛을 지녔다. 스콜피오들은 일반적으로 사람들이 경험하지 못하는 감정의 가장 밑바닥까지를 기꺼이 경험한 자들이다. 이것은 스콜피오가 주는 강력함의 근원이다. 인간이 가진 가장 은밀하고 비밀스러운 감정까지 경험해봤기 때문에 이들은 타인의 약점과 강점에 대해서 누구보다도 쉽게 파악하는 성향이 있다. 따라서 분노한 스콜피오는 상대에게 강한 두려움을 줄 수 있다. 어느 쪽을 선택하든 스콜피오는 목표 지향적 존재다. 따라서 목표가 생기면 오로지 한 방향을 향해 나아간다. 무지막지하게! 옆도 뒤도 돌아보지 않고 말이다.

스콜피오들은 무엇이나 적당히 하는 법이 없다. 누군가 "그 정도면 충분해!"라고 이야기한다면 이들은 분노할지도 모른다. 이들은 상대의 가장 아픈 곳을 들춰내고 그에게 모욕감을 느끼게 한 후, 그의 분노를 자아내거나, 눈물을 흘리게 할지도 모른다. 이들이 상대를 힘들게 하고 고통을 주는 이유는 무엇일까? 상대가 더 이상 갈 수 없는 곳까지 밀어 붙임으로써 그의 분노를 터뜨리고 그의 능력을 최대한 끌어내기 위해서일까? 아니면 상대의 상처와 약점을 건드리고 짓이겨서 그를 무너지게 하기 위해서일까? 진화되고 긍정적인 스콜피오가 사용하는 힘은 전자에 상응할 수 있다. 그러나 부정적이고 진화가 덜된 스콜피오는 상대에게 압도당한 분노를 상대를 짓이기고 파괴함으로써 복수의 감정을 드러내 보일 수 있다.

스콜피오가 조디악에서 가장 알 수 없는 싸인으로 간주되는 이유는 너무나 복잡하다는 점과, 가장 단순해야할 순간조차도 전략적이기 때문이다. 스콜피오는 타인의 힘에 의해 좌지우지 되거나 휩쓸리는 것을 가장 참지 못하는 사람들이다. 따라서 겉으로 무표정해 보이는 얼굴 뒤에서 끊임없이 전략을 짜는데 그것은 바로 상대방에게 통제당하지 않기 위해서다. 상대방에 의해서 통제당하거나, 상대방에게 자신의 끓고 있는 감정을 들키거나, 상대로 인해 감정이 휩쓸리는 상황은 이들에게는 죽음보다도 고통스러운 순간이다. 왜냐하면 스콜피오는 감정을 의미하는 물의 싸인이기 때문이다.

　더욱이 스콜피오의 감정은 비밀과 연관되기 때문에, 비밀이 드러나는 순간 이들은 무너질 수 있다. 따라서 이들은 주도권을 쥠으로써 자신의 감정을 보호할 필요가 있으며, 그러기 위해 강력한 힘이 필요하다. 이들의 힘은 깊은 심연, 즉 무의식을 근원으로 한다. 무표정 뒤에 끓어오르는 감정을 가지고 이들은 모든 것들의 이면 또는 수면 아래의 진실을 알기 원한다.

　직업운에서 스콜피오는 연구가, 조사자, 탐정, 외과의사, 오컬티스트, 무대 뒤에서 일하는 사람, 경호원, 간첩, 심령연구가, 점성학자, 장의사, 장례식 감독자, 보험세일즈맨, 군인, 간호사, 심리치유사, 정신과 의사, 약사, 병리학자, 전생탐구가, 간병인, 화학자, 음악 치료사, 뮤지션 등이과 관련된다.

쎄지테리어스

쎄지테리어스는 확장과 낙관주의, 철학과 높은 정신의 싸인이다. 쎄지테리어스의 상징은 반인반마로 몸은 말이고 상체는 인간인 거인족 켄타우로스를 상징한다. 들판을 자유롭게 뛰어다니는 쎄지테리어스는 자유, 광활함, 그리고 확장능력의 대명사다. 쎄지테리어스 별자리는 프로메테우스 대신 죽음을 선택한 케이론[15]의 죽음을 매우 슬퍼한 제우스가 그를 하늘로 올려 만든 별자리다. 반인반마의 궁수가 하늘을 향해 겨누고 있는 활은 쎄지테리어스의 미래지향적이며 목표지향적인 특징을 나타낸다.

9 하우스를 지배하는 쎄지테리어스는 높은 이상과 고도의 정신력을 상징한다. 높은 교육과 철학의 싸인으로 나무보다 숲을 보며, 다양한 문화를 깊이 탐구하여 인생의 지혜를 얻으며 수많은 사실과 현상의 숲으로부터 결론을 도출해내는

---

15) 켄타우로스 종족 중에서 가장 뛰어난 인물이었던 케이론은 온화하고 현명했다. 그는 의술을 비롯하여 궁수, 문학 등 많은 분야에서 뛰어난 능력을 가지고 있어서 많은 영웅들을 제자로 두고 있었다. 그의 제자 중 한 명인 헤라클레스가 실수로 쏜 화살에 맞았지만 반신이어서 죽을 수도 없었다. 결국 고통 받으면서 평생을 사는 대신 프로메테우스 대신 죽음을 선택해서 고통에서 벗어날 수 있었다. 제우스는 그의 죽음을 알고 크게 슬퍼했고 그를 하늘의 궁수자리로 만들었다.

자다. 단지 지식을 넘어서 학문의 깊은 탐구와 철학적 사유를 통해 지식으로만 풀 수 없는 인생의 문제를 통찰하게 한다. 또한 깊은 독서와 여행을 통한 직·간접적인 경험은 이들의 내면과 외면 세계를 확장시킬 뿐만이 아니라 인간을 비롯한 모든 현상들을 다양한 차원과 측면에서 바라봄으로써 깊은 지혜와 통찰 그리고 광활한 정신을 가지게 한다.

광범위한 독서와 여행을 의미하기도 하는 쎄지테리어스는 특히 해외 여행을 통해 견문을 넓힌다. 그는 철학자이자 법관이며 사업가다. 특유의 낙천주의로 지나치게 낙관적이어서 문제를 야기하기도 한다. 그는 모두가 불운을 볼 때 더 멀리의 희망을 보는 존재로서, 필요하다면 그 사람의 장점을 끌어내고 그가 가야할 방향을 제시해줄 수 있는 구루이자 현자다. 그는 모든 사건과 상황, 사물로부터 진리와 지혜를 도출한다. 독서를 통해 내면 깊은 여행을 하고 세계 여행을 통해 새로운 문화와 삶을 경험함으로써 의식을 확장할 뿐만 아니라 자신의 지리적이고 문화적인 영역을 확장한다.

쥬피터의 룰링을 받는 쎄지테리어스는 자신에 대한 강한 믿음이 있으며, 자신의 지성을 물질화할 수 있는 능력이 충분하지만 진리와 도덕에 어긋나는 물질은 취하지 않는다.

쎄지테리어스의 광범위한 독서 능력은 출판을 통해 사업적 능력으로 발현되기도 한다. 쥬피터의 룰링을 받는 싸인으로서 자신에 대한 강한 신념과 믿음이 있으며 자신의 지성을 물질화할 수 있는 능력이 충분하지만 진리와 도덕에 어긋나는 물질은 결코 취하지 않으며, 윤리를 중시하며 자신의 행운을 타인과 공유하려는 특성 때문에 법조인, 종교인, 교수, 기업가, 의사 등 윤리의식이 요구되며 사회적으로 높은 위치를 자연스럽게 점유하게 된다.

연애운에서 쎄지테리어스는 연애가 끈적끈적해지면 관계로부터 벗어나려는 경향이 있다.

직업운에서 쎄지테리어스는 대학교수, 신학자, 선교사, 전도사, 설교자, 법회 주관자, 출판사 발행인, 형이상학 작가, 박애주의자, 법률가, 여행 전문가, 여행사 운영가, 여행 대리인, 사업가, 천문학자, 탐구자, 항공 고용인, 비행보조인, 비행사, 수입수출요원, 해외 특파원, 언어통역자, 여행 세일즈맨, 프로모터(흥행자), 세일즈맨, 의상 사무원, 모든 종류의 운동인들, 스포츠 상품 제조자, 모험과 관련된 직업들, 비행사, 수입수출요원, 해외 특파원, 의상 사무원, 스포츠 상품제조자, 말 트레이너, 품종개량가와 경마 관련자 등의 직업을 가질 수 있다.

캐프리컨

캐프리컨은 물질적 성공에 대한 강한 야망을 지닌 싸인이다. 그러나 캐프리컨은 물질 그 자체보다도 물질이 발휘할 수 있는 힘을 중시한다. 캐프리컨의 상징인 염소는 높은 곳만 있으면 어떻게든 오르려고 한다. 이것은 그의 권력의지와 성공을 향한 강한 야망을 의미한다. 비탈길을 한 걸음 한 걸음 조심스럽게 오르는 염소의 모습은 캐프리컨의 권력의지를 상징적으로 보여준다. 성공을 향한 캐프리컨의 행로는 결코 서두름이 없다. 이들에게 성공의 행로는 장기전이다. 이들은 적어도 3년 내지 5년 이상의 구체적인 계획을 가지고 움직인다.

이들은 높고 멀리 바라본다. 가는 길에 고난이 있다면 기꺼이 감수할 것이고 어쩔 수 없이 수용해야하는 작은 실패도 감내하겠지만 결과적으로 성취하지 못할 일에는 절대로 도전하지 않는다. 캐프리컨의 한걸음 한걸음은 구체적인 계획과 의도를 가지고 걷는 걸음이다. 이들은 냉철하고 논리적이며 미래지향적으로 생각하며, 타인과 상황에 대해 가능과 불가능을 감지하는데 능하다.

캐프리컨은 고독의 싸인이다. 강한 흙의 성질을 지닌 캐프리컨은 성공에 감정은 필요 없다고 생각한다. 이들은 감정을 억누르는데 익숙하여 감정이 굳어있다. 따라서 캐프리컨은 타인의 기분을 잘 이해하지 못하며 다른 사람에게도 감정과 자유가 있다는 사실을 인식하지 못하곤 한다. 이들은 때로 지나치게 냉정하고, 가까이 있는 타인에게 지나치게 무관심하다. 그러나 그에게 감정이 없는 것은 아니다. 너무 오랜 세월 동안 감정을 억눌러왔던 습관에 의한 것일 뿐이다. 그래서인지 그는 간혹 멜랑콜리한 모습을 드러내곤 한다. 캐프리컨이 던지는 농담은 그의 시니컬한 냉담함이 자신의 억눌린 감정을 삐집고 나오는 것이어서 사람들에게 묘한 매력을 느끼게 한다.

애정운에서 캐프리컨은 성공에 대한 강한 집념 때문에 결혼 후에도 가정 생활을 등한시하고 일이 우선시함으로서 은퇴한 후에는 가족 구성원들에게 소외된 존재가 되기 쉽다.

직업운에서 캐프리컨은 관리자급의 실무자, 모든 종류의 행정 담당자, 조직을 다루는 전문가, 매니저, 비즈니스 소유자, 집행자, 정부관리, 정치인, 배심원, 제조자, 조정자, 학교 교장, 학원장, 병원장, 사감, 이사, 교도소장, 감독관, 훈련

소장, 바이어, 컨설턴트, 직업카운셀러, 건축가, 계약사, 건축업자, 건설자, 하청업자, 목수, 토목공학자, 토목기술사, 시공사, 경제학자, 지압요법사, 정형외과 전문가, 접골가, 광부, 부동산 소유자, 등산가, 산악대장 등의 직업을 갖는다.

어쿼리어스

어쿼리어스는 자유와 독립, 독창성을 대표하며 관습과 구태에 얽매이기를 거절하는 싸인이다. 이들은 자신만의 박자에 따라 걸으며 모두가 예스라고 말할 때도 노우라고 말할 수 있는 사람들이다. 이들은 옳고 그름이라는 이분법적인 사고를 넘어서 생각하며 기존의 관념이 부여하는 모든 틀을 벗어나고자 한다. 따라서 이들은 독특하고 독립적인 존재로서 자리매김한다. 이들은 다른 사람과 비슷해지는 것을 가장 싫어한다. 사람들과의 관계에 휩쓸려서 자신의 고유하고 독특한 성질이 사라지는 것을 두려워하기 때문이다. 따라서 이들의 관계를 유심히 살펴보면 타인들과 감정적으로 유리되어 있으며, 자신만의 태양을 가지고 있는 존재로서 다른 사람과 비슷하거나 모든 사람들이 걸어가는 똑같은 길을 걷기를 원치 않는다.

어쿼리어스에 상응하는 신인 프로메테우스는 쥬피터의 명령을 어기고 인간에게 불을 나누어 줬다는 이유로 혹독한 벌을 받았다. 따라서 어쿼리어스 싸인 속에는 위계질서에 대한 갈등과 반항의 드라마가 담겨있다. 어쿼리어스 싸인의 두 룰러가 세턴과 우레너스인 점에서도 우리는 이

싸인이 내포하는 구권력과 신흥세력, 오래된 체제와 신인류의 문화 사이에 존재하는 갈등을 눈치챌 수 있다.

12싸인 중 두드러지게 인간에 대한 관심과 애정을 가지고 있는 휴머니스트여서 정이 많은 존재일 것 같지만 이기적이고 냉정하며 무책임하게 보여질 때가 많아서 비난의 대상이 되기도 한다.

직업운에서 어쿼리어스는 자유·혁신과 관련된 직업에 능하다. 프리랜서, 발명가, 과학자, 교육자, 연구가, 점성학자, 사회노동자, 심리학자, 미래학자, 인도주의자, 사회개혁자, UN 사무자나 노동자, 세계 구제 기구 고용인, 미래지향 직업들, 천문학자, 비행기 파일롯, 항법사, 행글라이더 조종사, 태양에너지 연구자, 물리학자, 라디오 텔레비전 기술자, 전기기술자, 전자공학자 등의 직업군과 연관된다.

파이씨즈

고통을 받을 것인가? 굴복할 것인가? 파이씨즈의 이야기는 이들의 상징인 두 마리의 물고기와 그가 상징하는 거대한 바다에서 시작된다.

두 마리의 물고기의 문제는 무엇인가? 그것은 다름 아닌 이 물고기들의 꼬리가 하나로 연결되어 있다는 사실이다. 둘 중 하나라도 움직일라치면 문제가 생긴다. 한 마리의 물고기가 움직이기 위해서 다른 하나의 물고기는 그를 따라야만 한다. 만일 거부하거나 저항한다면 꼬리가 찢어지는 아픔을 겪게 될 것이다. 따라서 세상에서의 날개 짓은 이들에게 "고통받을 것인가? 저항할 것인가?"의 문제를 야기한다.

파이씨즈가 상징하는 두 마리의 물고기는 집단무의식을 상징하는 거대한 바다에 연원을 둔 인간의 분리된 영혼을 의미한다. 꼬리가 이어진 이 두 마리 물고기가 겪는 고통은 다름아닌 현실세상에서 파이씨즈들이 겪는 고통이다. 파이씨즈는 고통, 포기, 에고해체, 자기포기의 싸인이다. 소금인형이 바다에 들어가서 자신의 몸을 녹이면 바다와 하나 되지만, 바다와 융합되기 전까지 그의 몸이 자신의 의지와 무관하게 녹아들어

갈 때 느끼는 감정이 파이씨즈가 세상에서 느끼는 고통이다. 이 고통은 다시 말해서 에고가 해체될 때 느끼는 고통이다.

파이씨즈들이 겪는 고통은 이들을 현실세상에서 루저로 만든다. 그 연원을 알 수 없는 엄청난 고통은 이들을 무능과 상실감에 빠뜨린다. 실제로 이들은 감금되거나, 고통받거나, 장기간 입원이나 요양을 하거나, 알콜 중독에 빠지는 것과 같이 어떠한 이유로든 큰 시설 안에 격리되거나 세상과 단절되어 있거나, 모종의 고통을 극복하기 위해 종교에 귀의하거나 명상센타에서 수련 또는 기도를 하기 위해 자의적으로 세상과 거리를 두기도 한다. 즉 12싸인 중 가장 마지막에 위치하는 파이씨즈가 상징하는 바는 이들이 앞의 열 한 개의 싸인을 모두 경험하고 마침내 마지막 싸인에 도달했음을 암시한다. 누군가 파이씨즈를 가지고 태어났다면 그는 조디악에서 가장 성숙하고 오래된 영혼일 것이다. 그러나 그는 새로운 탄생을 위해 오랜 시간의 침잠과 고통, 몽환과 불능의 시기를 겪어야만 한다.

파이씨즈의 또 다른 이야기가 있다. 이야기는 파이씨즈가 의미하는 바다에서부터 출발한다. 격렬한 폭풍이 몰아치는 바다 위에서 작은 배는 살아남기 위해 저항하지만 곧 아무 소용이 없다는 것을 알게 된다. 거센 바람이 쪽배의 돛대를 찢어버리고 얼마 지나지 않아 엄청난 물살이 이 배를 삼켜버릴 것이다. 현실 세계에서 이에 견줄 수 있는 비슷한 경험을 많이 한 파이씨즈들은 저항이 소용없음을 알기 때문에 아예 현실을 포기하거나 각종 중독으로 회피하는 루저의 삶을 살기도 한다. 비속의 삶을 사는 종교인, 또는 명상가, 혹은 예술가의 경우엔 좌절과 고통이 오히려 에고를 해체하여 영적 성장을 이루거나, 승화된 예술성으로 자리매김하는데 도움을 준다. 특히 예술가로서의 삶을 사는 파이씨즈들의 경우 자신의 내면에 지닌 엄청난 상상력과 비전을 이미지화하는 능력이 출중하다.

파이씨즈는 12 싸인들 중 가장 경계 설정 능력이 떨어진다. 이들은 나와 타인 사이에 경계를 잘 구분하지 못한다. 이들은 고통받는 존재들에 대해 공감하고 타인을 자신보다 더 잘 이해하며, 타인의 고통을 나의 고통으로 착각하여 아픔을 느끼기도 하는 모든 사람에게서 신의 모습을 보는 경향이 있다. 그러나 이들의 모순은 전혀 도움을 줄 가치가 없는 사람에게 자신을 내줌으로써 무의미한 희생을 치를 수 있다는 사실이다. 인간적인 차원에서 타인에게 무엇인가를 주고도 아주 작은 고마움의 답례마저도 돌려받을 수 없기 때문에 그는 희생의 댓가로 고통을 받아야 한다.

직업운에서 파이씨즈는 예술가, 시인, 힐러, 신비주의자, 영성가, 술집 운영자, 어부, 사진사, 모델, 영화배우, 가수, 뮤지컬 배우, 종교인, 바다와 관련된 모든 직업, 의사, 아쉬람 운영자, 감옥 관련 종사자, 수도원 종사자 등과 관련된다.

12 하우스

10행성 12싸인이 조합을 이루어 함께 활동하는 공간인 12 하우스는 운세를 볼 때 시그니피케이터16)를 결정하기 때문에 세심하게 학습할 필요가 있다. 1 하우스는 개인의 외모와 성격, 행동 방식등을 다룬다. 2 하우스는 돈과 같은 실물자산을 비롯한 개인의 소유물 및 돈으로 환산할 수 있는 잠재된 능력을, 3 하우스는 개인의 생각 및 소통 방식과 언어능력을, 4 하우스는 어머니, 감정, 생애 초기의 가정 분위기를, 5 하우스는 연애와 자녀를, 6 하우스는 고용 및 기술, 건강을 다룬다. 7 하우스는 배우자 및 사업 파트너, 그리고 각종 계약상 관계자 및 드러난 적을, 8 하우스는 배우자와의 공동자산, 유산 및 사업 파트너와의 공동자산 그리고 세금이나 보험 등과 같은 국가와 사회 관련 자산들을, 9 하우스는 종교, 철학, 여행을, 10 하우스는 개인의 공적인 모습 및 커리어 그리고 아버지를, 11 하우스는 동호회와 공동의 목표를, 12 하우스는 숨겨진 적, 비밀, 명상센터 등을 의미한다.

---

16) 시그니피케이터란 지표성으로 지표성은 운세의 지표가 되는 별을 말한다. 예를 들어 연애의 지표성은 5 하우스의 룰러(행성)이다. 동일한 방식으로 배우자의 지표성은 7 하우스의 룰러다.

1 하우스

1 하우스는 타인이 나를 생각하는 이미지, 외모, 개성 및 내가 세상을 바라보는 방식, 모든 상황이나 환경에 대처했을 때 내가 반응하는 행동방식을 다룬다. 1 하우스의 쥬피터는 세상을 낙관적이고 거시적으로 바라본다. 이 사람은 구루나 종교인과 같은 풍모를 지니며 인종, 종교, 문화, 연령을 초월해서 사람을 사귀는 경향이 있다.

1 하우스에 쥬피터가 위치한 헤르만 헤세는 나는 어린 시절 천국에 살았다고 말한바 있다. 1 하우스에 쥬피터를 가진 리처드 기어는 어린 시절 나는 대문 없는 집에 살았다고 말한 바 있다. 달은 어머니이자 가정을 지배하는 행성으로 하루 일을 마치고나서 가족이 귀가하는 곳이자 위험하고 고통스러운 일을 경험했을 때 가장 먼저 달려가서 숨고 싶은 곳이기도 하다. 따라서 1 하우스에 달이 위치한 사람에게 있어서 어머니의 역할은 중요하다. 그러나 이들은 자신 스스로가 자신의 어머니 역할을 할 수도 있다. 따라서 힘들 때 이들은 자신 안으로 퇴거해서 스스로 존재할 수도 있다. 1 하우스의 머큐리는 다양한 것들에 대한 호기심이 왕성하며 자신 및 타인에

대해 매우 분석적이다. 어린 시절 잦은 주거지의 이동을 했을 가능성도 있다. 평생 젊은 모습을 유지하는 경우가 많다. 1 하우스의 마스는 사고에 노출되기 쉽다. 1 하우스에 마스를 지닌 헤밍웨이는 어린 시절 자주 싸움에 연루되었다. 특히 플루토와 사각을 이룬 마스는 폭력의 노출 강도가 매우 강했음이 암시된다. 학창시절 폭력을 경험한 후 복싱을 시작했으며 평생 전쟁이나 투우와 같이 죽음과 연루된 현장을 찾아다녔다. 1 하우스에 세턴을 가진 사람들은 인생을 고통으로 보는 경향이 있다. 이들은 모종의 이유로 어린시절 자신이 아버지와 같은 책임자의 역할을 하고 가족의 짐을 대신 지는 사람이었을 수 있는데, 이러한 경험은 성장해서도 연장되어 인생을 고통으로 보는 경향이 있다. 이들은 어떤 일이나 상황을 짐이나 부담으로 보는 성향이 있어서 쉽게 시작하지는 않지만, 한 번 시작하면 책임과 의무를 다하기 위해 노력한다. 1 하우스는 탄생의 경험을 의미하기도 한다. 1 하우스의 세턴이나 플루토는 탄생의 과정이 난산이었거나 죽음과 비슷한 경험이 동반되었음을 암시한다. 1 하우스에 플루토를 지닌 괴테는 출산 당시 심한 난산으로 무호흡에 빠졌다가 살아났다고 전해진다.

2 하우스

2 하우스는 유동자산(돈, 소유물 등)을 비롯한 물질적 집착과 욕망, 수입 지출 습관 및 방식, 개인의 가치, 잠재된 재능과 능력을 다룬다. 2 하우스는 토러스와 비너스의 지배를 받는다. 흙과 음한 성질을 지닌 2 하우스에서 개인은 소유를 통해 안정감을 느낀다. 소유는 욕망과 집착의 변형된 표현방식이다. 개인의 2 하우스를 지배하는 싸인과 행성을 통해서 그의 욕망과 그의 안전을 지켜주는 것이 무엇인지를 알 수 있으며 개인 수입의 유입과 유출 경로를 짐작하게 해준다.

2 하우스에 태양이 위치한 사람들은 고귀함, 특별함, 생명력, 자존감 등에 가치를 둔다. 이들은 돈에 목표를 두고 부를 통해서 자신의 정체성과 생명력을 확인하고자하는 경향이 있다. 그러나 이들이 비록 돈이라는 실물자산을 얻지 못하더라도 자신의 정체성, 자존감, 고귀함, 당당함을 성취함으로써 진실한 태양의 가치를 성취한다면 이들에게 돈이라는 실물 자산이 반드시 중요한 것은 아니다. 그러나 만일 태양의 가치를 실현하지 못한다면 이들은 물질적 소유를 통해 자신의 가치를 확인하고자 할 가능성이 크다.

2 하우스의 어쿼리어스 태양을 가진 오프라 윈프리는 토크쇼의 여왕으로 방송을 통한 태양의 정신적 물질적 가치 실현을 보여주고 있다. 2 하우스에 머큐리가 위치하는 사람은 소통과 교육에 가치를 둔다. 이들은 강사, 아나운서, 작가, 배우, 무역, 중개 등을 통해 수입을 얻으며, 배움 등 머큐리적 목적을 위해 지출을 한다. 2 하우스의 비너스를 가졌다면 여성과 관련된 일, 미를 다루는 일, 예술, 사람들과의 관계를 통해서 수입을 얻는다. 이들은 미(美)에 가치를 두기 때문에 자신의 수입으로 아름다운 물건들을 사들이는데 돈을 지출하기도 한다.

2 하우스에 마스는 돈에 목표를 두고 성공하고자하는 강한 욕망을 가진다. 이들은 속도, 주도권, 경쟁력 등에 가치를 두기 때문에 돈을 벌 수 있는 일이 있다면 누구보다 추진력을 가지고 적극적이며 집중력 있게 임한다. 그러나 충분한 계획과 숙고 없이 추진하는 경향이 있으며, 많은 돈이 들어오더라도 빠르게 지출하는 경향이 있다. 2 하우스의 세턴은 노동과 근면, 인내와 성실을 통해서 어렵게 수입을 얻는다. 또한 수입을 얻을 때가지 인내와 많은 노력이 필요하다. 그러나 결핍에 대한 두려움과 절약정신이 있기 때문에 한 번 들어온 돈은 쉽게 나가지 않는다. 따라

인생의 후반부에 안정된 자산을 얻는 경향17)이 있다.

  2 하우스에 우레너스는 프리랜서와 같은 자유직업을 통해 수입을 얻거나, 천재성을 기반으로 한 일, 홈쇼핑, 방송 등을 통해 수입을 얻는다. 또한 컴퓨터와 같은 전자제품, 번쩍거리는 물품 등을 구입하는데 지출하기도 한다. 2 하우스에 머큐리, 달, 태양, 쥬피터의 쎄지테리어스 스텔리엄18)을 가진 베토벤은 그가 교육에 관심이 많은 어린 학생, 부인들의 피아노 레슨이나 외국의 왕들 또는 저명한 인사들을 위한 큰 공연을 통해 수입이 있었음을 읽을 수 있다.

---

17) 행성이 힘이 있고 어스팩트가 흉하지 않은 경우를 말한다.
18) 스텔리엄이란 한 싸인에 세 개 이상의 행성이 모여있을 때를 의미한다.

3 하우스

3 하우스는 개인의 일상 환경 및 초기 학습 환경을 다룬다. 초등학교부터 고등학교까지의 교육을 의미하며, 짧은 여행, 형제, 친구 그리고 친척과 같은 가까운 친구를 다룬다. 제머나이와 머큐리의 영향을 받는 이 하우스는 개인이 생각하고 언어를 사용하는 방식과 관련 있다.

3 하우스에 태양은 언어사용을 통해 자신의 자존감과 고귀함, 정체성을 확인하며, 타인과의 소통을 통해 인생의 기쁨과 생명력을 느낀다. 배움에 높은 가치를 두고, 높은 정신을 지녔으며 언사나 문체가 화려하고 당당하며 고급스러워서 이들의 글이나 말은 타인의 주목을 받는다. 극작가로서 많은 명언을 남긴 죠지 버나드 쇼는 3 하우스에 리오 태양이 위치한다. 버나드 쇼를 만난 존 F 케네디의 "미국이 세계 일등국가가 될 수 있을까요?" 라는 질문에 "그럼요, 미국인이 영어를 제대로 한다면요." 라고 대답한 것은 버나드 쇼가 언어를 개인의 정체성뿐만이 아니라 국가 정체성의 중심으로 생각하고 있음을 보여준다.

3 하우스의 비너스는 형제들 간의 관계가 평

화롭고 서로 칭찬과 사랑을 나누고 자신의 형제나 지인을 통해서 삶의 기쁨과 이익을 얻는다. 3 하우스의 마스는 어린 시절 형제 자매들 간의 힘 싸움이나 다툼의 경험을 통해 권력과 힘에 관한 때 이른 인식을 가지게 된다. 그리고 이것은 성장해서까지 타인들의 논쟁에서 절대 지지 않으려는 태도로 이어질 수 있다. 이들은 언어를 자신을 지키는 힘으로 사용하는 경향이 있다. 할 말은 꼭 하고야 마는 경향이 있으며, 자기주장이 강하고 말이 빠르고 공격적이다. 미국의 유명팝가수 바브라 스트라이젠드는 3 하우스에 제머나이 마스가 위치함으로써 그가 가수이자 엔터테이너들의 엔터테이너로서 소통가 역할을 하고 있으며 비평적이고 공격적인 언어 성향이 있음이 암시된다. 3 하우스의 세턴은 형제나 지인들, 학교 생활에서 어려움이 있을 수 있다. 생각이 느리고 진지하며, 형제가 많았다면 형제간에 경험한 이른 서열 경험이 성장 후에 사회 적응에 긍정적이거나 부정적으로 작용할 수 있다. 3 하우스의 우레너스는 언어 구사력에 있어서 천재성을 발휘할 수 있다. 이복형제가 있거나 형제나 가까운 지인의 갑작스러운 죽음을 경험했을 수 있으며 어린 시절 잦은 이사를 했을 가능성이 있다. 3 하우스의 플루토는 형제간에 금기나 죽음을 경험하거나, 모종의 이유로 인한 학습과 학교생활의 중단을 경험할 수 있으며, 지식과 정보, 교육에 대한 인식의 완전한 전환과 교육 및 학교생활 중단으로 인해 겪은 고통을 기반으로 한 경험의 재설정을 통하여 다시 학교와 교육에 복귀함을 경험할 수 있다.

4 하우스

4 하우스는 어머니와 가정, 무의식을 비롯하여 인생 초반부의 가정적 분위기와 감정적 분위기를 다룬다. 4 하우스는 개인의 심리적 뿌리로 성장해서까지 영향을 미친다.

야망, 성공, 생명력의 행성인 태양이 4 하우스에 위치한다면 개인은 외적인 성공보다 내적 성공을 지향한다. 특히 태양이 어머니의 공간인 4 하우스에 위치할 때, 문진을 통해 가정에서 주된 역할을 한 사람이 어머니인지 아버지인지를 확인[19]할 필요가 있다. 태양은 아버지를 의미하는 남성적인 행성이기 때문이다. 4 하우스는 사무실을 의미하기도 하는데, 만일 점성학의 12 하우스 전체를 하나의 집으로 본다면 4 하우스는 부엌을 의미할 수 있다. 4 하우스에 리오 태양을 가진 미국의 유명 쉐프 줄리아 차일드는 요리의 여왕으로 이름을 날렸다. 그녀가 약 10년간 진행했던 요리쇼는 일반적으로 부엌의 주인인 주부

---

19) 4 하우스를 어머니의 하우스로 보는 관점과 반대로 아버지의 하우스로 보는 경향이 있다. 본서에서는 4 하우스를 어머니의 하우스로 상정했다. 그러나 4 하우스에 태양과 셰턴 같은 남성적 행성이 위치할 때 가정을 담당한 주요 인물이 어머니였는지 아버지였는지 내담자와의 문진을 통해 알아볼 필요가 있다.

들에게 엄청난 인기를 얻었다. 4 하우스에 비너스가 위치하면 내면이 평화롭고 조화를 추구하며 선물을 주고받으며 칭찬하는 분위기에 익숙하며 성장해서도 어렸을 때 경험하고 뿌리내린 감정적 평화와 조화가 성인이 된 후에도 타인과의 관계에서 유리하게 작용하는 경향이 있다.

4 하우스에 머큐리가 위치하면 집안 분위기가 학구적이며 잦은 이동과 이사를 했을 가능성이 있다. 4 하우스에 세턴이 위치한다면 어머니와 아버지의 가정에서의 실질적 역할을 내담자와의 문진을 통해 알아볼 필요가 있다. 결핍을 의미하는 세턴이 이 하우스에 위치할 때 여러 가지 유추를 해볼 수 있다. 엄격한 어머니로 인한 가정의 굳어진 분위기가 감정결핍으로 귀결된 경우, 또는 어떤 이유로든 어머니의 부재하거나 어머니가 존재하더라도 없는 것과 마찬가지인 경우, 어머니 대신 아버지가 가정의 책임자였던 경우 등으로 나눠서 생각해볼 수 있다. 그러나 부모님과는 관계없이 세턴을 가정 내의 가난과 같은 물질적 결핍이 가져온 감정의 결핍을 의미할 수도 있다.

4 하우스에 파이씨즈 세턴을 가진 에밀리 브론테[20]는 어린나이[21]에 돌아가신 어머니로 인해

목사였던 아버지가 가정을 보살폈다. 4 하우스에 마스가 위치하는 개인은 생애초기의 가정에서 평화나 따뜻함, 수용성보다 힘과 싸움을 경험했음이 암시된다. 어린 시절의 경험은 개인의 감정 형성에 영향을 주고 이것은 성장한 후의 모든 관계에서 작용하기 때문에 4 하우스에 마스나 세턴이 위치한 개인은 성장기의 경험이 평생의 공부감이 될 수 있다. 4 하우스가 인생의 끝, 개인이 일을 끝내는 방식을 의미할 때 4 하우스의 세턴은 죽음에 고통과 어려움이 따름을 암시한다. 비너스나 쥬피터가 위치한다면 편안한 죽음이 암시되면 일을 끝냄에 있어 균형미와 여유가 있다.

---

20) 폭풍의 언덕의 작가
21) 에밀리 브론테의 어머니는 그녀가 3살 때 종명했다.

5 하우스

5 하우스는 창조성, 즐거움, 자기표현, 연애, 자녀, 오락, 투기 등을 다룬다. 리오와 태양의 영향을 받는 5 하우스에서 개인은 특별한 존재가 되기를 원한다. 그들은 자신을 창조적으로 표현함으로써 주목받기를 원한다. 특히 5 하우스에 태양을 지닌 개인은 연애를 즐기고 자신을 화려하게 드러내고 싶어 하며 자신의 고유함과 개성을 부각시키며 특별한 존재가 되고자 한다. 즐거움의 일환인 연애는 심장[22]을 뜨겁게 하는데, 심장이 뜨거워지면 생명력이 고양된다. 생명력은 창조성의 근원이다. 인간이 넘치는 생명력을 가지고 있다면 자연스럽게 창조에 대한 열망을 가지게 된다. 창조는 자기표현의 연장으로 인간의 가장 위대한 창조품은 아이(자녀)[23]다.

따라서 5 하우스는 자녀를 의미한다. 아이는 표현력이 뛰어난 존재다. 아이들은 두려움이 없다. 모든 사람들이 임금님의 권위에 눌려서 진실을 말하지 못할 때, "임금님은 벌거벗었어요"[24]라고 거침없이 소리친 사람도 다름 아닌

---

[22] 리오와 태양은 심장을 지배한다.
[23] 5 하우스의 태양은 아들 또는 독자(獨子)를 의미한다. 만일 딸이라 하더라도 아들같은 딸이다.
[24] 안데르센의 동화 '벌거벗은 임금님'

아이였다. 유치원 아이들을 가장 잘 표현한 색상인 노란색은 아이들이 환하고 밝게 자신을 드러냄을 의미한다. 또한 노란색은 태양의 색깔과 같고 리오의 황금빛을 닮았다.

5 하우스에 마스를 가진 사람들은 공격적인 연애를 하는 경향이 있다. 빨리 사랑에 빠지는 만큼 빨리 연애가 끝날 수 있다. 이들은 많은 연애를 하지만 진지한 관계로 이어지지 않는 경향이 있다. 5 하우스에 넵튠이 위치한다면 지나치게 연애에 빠질 수 있다. 그러나 상대에 자신의 모든 것을 바쳐도 제대로 된 사랑을 돌려받지 못할 수 있다. 5 하우스에 달이 위치한 사람들은 연애를 통해 어머니나 가족 간에 풀지 못한 문제가 다시 제기될 수 있으며, 연애를 할 때 가족이나 부모의 개입을 받기도 한다. 이들은 연애를 할 때 캐어받고 보호받는 느낌[25]을 갖는다.

자녀운에서 5 하우스의 태양은 태양같은 자녀(특히 아들)나 유명세를 타는 특별한 자녀를 낳는다. 자녀운에서 5 하우스에 마스는 열정적이고 다이내믹하면서도 공격적이고 저돌적인 자녀가 있음을 암시한다. 이들의 열정적 에너지를 유통시켜주기 위해서 격렬한 스포츠나 야외 활동을

---

[25] 행성의 힘이 있고 어스펙트가 양호한 경우를 말하고 있음

통해 시간을 보낼 필요가 있다. 5 하우스의 쥬피터는 많은 자녀를 의미한다. 5 하우스에 머큐리는 대화나 시, 글 등을 통한 연애를 즐긴다. 5 하우스에 제머나이 머큐리를 가졌던 윌리암 버틀러 예이츠는 작가로서 자신의 연인을 소재로 수많은 시를 썼다.

6 하우스

6 하우스는 고용, 건강, 직업, 동료, 일(기술력), 봉사, 애완동물 등을 다룬다. 개인이 하는 일은 그의 건강과 밀접한 관련이 있다. 어떤 이유에서든 하던 일을 그만두면 인생의 활력이 떨어지고 노화가 오기 시작한다. 일을 통해서 우리는 일용할 양식을 얻을 뿐만 아니라 건강한 삶을 유지한다. 애완동물은 인간의 외로움을 달래줌으로써 보다 건강한 삶을 살 수 있게 해준다.

6 하우스는 버고와 머큐리가 지배하는 하우스다. 6 하우스에 태양이 위치한 사람은 일을 통해 생명력을 얻고 자존감과 프라이드를 확립하며 자신의 정체성을 획득한다. 6 하우스에 마스가 있다면 날카로운 도구를 다루거나 중장비 기계를 다루는 기술력이 있을 수 있다. 이들은 열심히 일하는 사람들이지만 동료나 고용인들에 대한 지나친 기대로 인해 그들과 잦은 분쟁에 휩싸일 수 있다. 또한 동료들 사이에 경쟁심이 강하고 항상 주도권을 쥐려는 성향도 분쟁의 원인이 된다. 6 하우스의 쥬피터는 여행 관련 일을 할 수 있다.

6 하우스에 넵튠이 위치한다면 감수성과 서정

성이 강한 사람으로 시인, 작가 및 술 또는 바다와 관련된 일 등을 할 수 있다. 일을 통해 사람들은 세상과 연결되고, 타인에게 간접적으로 봉사하게 된다. 인간은 누군가의 기술력을 통해서 생산된 직. 간접 재화를 필요로 한다. 따라서 모든 일들은 자신은 물론 타인에 대한 봉사와 서비스의 의미를 지닌다. 6 하우스에 넵튠이 위치한 사람들은 애완동물에 지나치게 빠져드는 경향이 있다. 6 하우스에 비너스가 위치하면 애완동물을 아끼고 사랑하며 이들을 통해 삶의 행복과 웰빙을 느낀다.

6 하우스에 세턴이나 플루토가 위치한 사람들은 애완동물을 키우는데 장애와 어려움이 있고 애완동물의 건강이 좋지 않을 수 있다. 건강 측면에서 6 하우스에 넵튠은 건강은 그리 좋지 않음이 암시된다. 원인과 그 시작을 알 수 없는 병이 오랜 기간 잠복해 있다가 언제 발병한지도 모르게 병에 걸릴 수 있다. 태양이 위치하면 건강회복력이 빠르다. 6 하우스에 비너스나 쥬피터가 위치한다면 병에 잘 걸리지 않지만, 설혹 병에 걸린다하더라도 결국에는 회복될 가능성이 크다. 6 하우스에 마스는 급성질환이나 염증성 질환에 걸리기 쉽다.

6 하우스의 세턴은 건강을 과도하게 염려하는 경향이 있다. 뼈와 관련된 병이 있을 수 있으며 장기질환이 암시된다. 6 하우스의 머큐리는 호흡기 관련 질병을 주의해야하며 머리를 너무 쓰지 말고 신경쓰는 일을 줄여야한다. 6 하우스에 마스가 있다면 갑작스러운 사고나 급성 염증을 조심해야 한다. 건강운은 긍정적이고 병을 스스로 치유하는 능력이 있다. 직장 동료들과 긍정적 관계로 동료들을 이끌어두는 리더 역할을 할 수 있다.

7 하우스

7 하우스는 배우자, 사업파트너 등 계약과 법이 개입되는 관계의 하우스이자 공개된 적의 하우스로 나와 적대적 관계에 있는 사람도 7 하우스에 배치한다. 7 하우스는 관계와 중도(中道)와 협업, 미를 의미하는 비너스의 영향[26]을 받는다. 따라서 개인의 7 하우스에 위치한 싸인과 행성을 통해서 배우자의 특성 및 차트 주인공의 관계 성향과 협업 성향 등을 알 수 있다. 또한 7 하우스는 "나"를 의미하는 1 하우스와 대극에 위치하는 하우스로 나에서 시작한 개인은 7 하우스에서 배우자와의 혼인을 관계의 확장으로 경험한다.

7 하우스에 태양이 위치한 개인에게는 관계[27]가 인생의 중심이 된다. 이들은 배우자나 상대를 위하고 그들을 빛나게 해줌으로써 자신이 빛나고, 인정받고, 존경받으며 상대와의 관계를 통해서 자신의 정체성을 확립하고, 인생의 목표나 야망 또한 배우자나 상대방을 통해 이루어진다. 태양의 퀄리티가 좋다면 좋은 결혼이 가능하다. 실

---

[26] 7 하우스를 지배하는 네츄럴 싸인과 룰러는 리브라와 비너스다.
[27] 배우자를 비롯하여 여타의 계약 관계자, 사업 파트너 등과의 관계를 의미한다.

제로 왕이나 왕과 유사한 인물과 결혼할 수 있다. 7 하우스에 비너스가 있는 개인 역시 관계성이 중요하다. 이들은 결혼이나 다양한 관계를 통해서 인생의 웰빙과 행복, 물질적 사회적 번영을 추구한다. 이들은 관계를 이해하는 능력과 감각 그리고 매너와 기교가 있기 때문에 사회적 능력이 뛰어나다.

7 하우스에 머큐리는 배우자가 자신보다 어리거나 호기심이 많고 기지가 넘치며 중성적인 사람일 수 있으며, 직장 동료와 결혼할 수도 있다. 이들은 다양한 사람들과의 소통을 좋아하고 사람들에 대한 흥미와 호기심이 많기 때문에 한 사람에게 정착하기 어려울 수도 있다. 7 하우스의 마스는 사전에 충분한 생각 없이 결혼을 너무 서둘러서 결정하고 후회하는 경향이 있다. 또한 관계에서 주도권을 추구하면 어려움을 겪을 수 있다. 마스는 경쟁심, 주도권 그리고 분쟁적 성격이 강한데 주도권이 상대에게 있으므로 법정 소송과 같은 사건에 휘말리지 않는 것이 좋다. 공격적인 비즈니스 파트너를 만나는 경향이 있다.

7 하우스의 쥬피터는 관대하고 지혜로우며 윤리감각이 뛰어난 배우자를 얻으며 결혼을 통한

부와 풍요를 얻지만 여러 번의 결혼이나 배우자의 바람기를 의미할 수도 있다. 외국인과 결혼할 수 있다. 이들은 관계에서 정직성과 윤리, 도덕적이고 영적인 가치를 추구하고 정당한 파트너쉽을 추구한다. 7 하우스의 세턴은 연하나 연상과 결혼할 수 있으며 결혼이 늦어지는 경향이 있다.

8 하우스

 8 하우스는 성, 죽음, 수술, 재생, 변형, 부활, 공유자산 등을 다룬다. 특히 공유자산은 배우자 및 타인의 자산, 그리고 비즈니스 공동자금 및 국가나 사회의 공동재정에 해당하는 세금 및 보험도 포함된다. 7 하우스에서 배우자를 만난 두 남녀는 8 하우스를 통해 물질과 정신 자산을 공유하게 된다. 8 하우스의 죽음은 실제 죽음을 의미하기도 하지만, 물질적 공유 과정에서 경험하는 에고의 탈락으로 상징적인 죽음을 의미하기도 한다. 진정한 변형과 부활은 에고의 죽음을 통해서만 가능하다.

 8 하우스의 쥬피터는 배우자의 자산이나 유산, 타인의 자산, 비즈니스 공동자산에있어서의 행운과 확장을 의미한다. 그러나 행성의 힘이 약하고 어스펙트가 불길하다면 세금과 같은 국가 공동재정이 늘어날 수 있다. 특히 8 하우스의 쥬피터는 사업파트너와의 공유자산을 확장하고 합병하는 탁월한 능력[28]으로 거대 기업을 운영할 수도 있다. 8 하우스에 위치한 비너스는 각종 관계를 통한 물질적 이익, 배우자로부터의 유산상속,

---

28) 행성의 힘이 있고 어스펙트가 좋아야 함

비즈니스 파트너쉽과 사회적 관계에서 얻는 물질적 이득을 암시하지만 부정적으로 발현될 경우 이익을 얻기 위한 의도적 결혼을 의미할 수 있으며, 지나치게 감각과 쾌락을 추구할 수 있다.

8 하우스에 위치한 달은 죽음과 신비주의에 대한 관심을 의미한다. 8 하우스의 세턴은 공유의 어려움이 암시된다. 이들은 배우자와의 자산 공유, 유산 상속 등에서 장애와 어려움, 상속의 지연이 따를 수 있으며, 세금의 중과가 있을 수 있다. 특히 수술수에서 8 하우스의 세턴은 수술의 어려움을 겪을 수 있으며, 마스는 수술로 인해 상처나 흄터가 생길 수 있다. 쥬피터는 좋은 의사를 만나서 성공적 수술[29]이 암시된다. 8 하우스의 플루토가 위치할 때 모든 공유에 있어서 기존의 관습을 완전히 파괴한 위에 새로운 공유 관계로 나아가야함을 암시한다. 정치와 권력문제에 연루되서 피렌체에서 추방된 단테는 8 하우스에 플루토[30]가 있다.

---

29) 일반적으로 쥬피터의 힘이 강하고 어플릭션되어 있지 않은 경우
30) 단테는 '신곡'을 통해 자신을 추방했던 정치계의 인물들이 지옥에서 고통받는 모습을 그리고 있으며 요절한 연인 베아트리체를 연옥으로 이끄는 자신의 안내자로 설정했다. 이것은 단테가 '신곡'에서 죽음과 부활을 통해 기존의 관계를 완전히 붕괴시키고 새로운 관계로 설정하고 있음을 보여준다.

9 하우스

9 하우스는 종교, 철학, 높은 교육, 여행을 다룬다. 3 하우스에서 시작되었던 사실위주의 교육은 9 하우스에 와서 통합될 필요가 있다. 높은 교육을 다루는 9 하우스는 대학 등의 교육기관을 통한 배움을 의미한다. 대우주의 축소판인 소우주로서, 인간은 대학(univiersity)를 통해서 전문성과 보편성에 입각한 지식과 지혜를 배운다. 여행을 통해서는 지평선과 비전을 확장하고 물질적인 관계에서 경험한 극단적인 고통에 대한 회의를 철학적 사유와 종교를 통해 극복하고자 한다.

9 하우스의 쥬피터는 여행을 삶의 일환으로 생각하고 여행을 통해 경험한 다양한 문화를 통해 인생의 지혜를 얻고 그것을 타인에게 전파한다. 9 하우스의 비너스는 여행을 통해 삶의 웰빙을 추구한다. 이들은 여행에서 만나는 모험과 낭만을 즐기며, 여행이 주는 경험을 통해 인생의 시야를 넓히는 것을 즐긴다. 특히 이들은 해외여행 중에 만나는 연인과 결혼하기도 한다. 9 하우스에 세턴이 위치한다면 모종의 이유로 여행이

지체되는 등 여행 중에 어려움을 경험할 수 있다.

9 하우스의 마스는 갑작스럽고 순간적인 기분으로 계획없이 여행을 떠나기도 한다. 모험을 두려워하지 않는 이들은 여행에서 만나는 위험과 모험을 즐긴다. 9 하우스의 넵튠은 문화, 예술, 영화, 음악과 관련되며, 예술적인 에너지를 세계적으로 전파하기도 하는데, 엘비스 프레슬리는 9 하우스에 버고 넵튠이 위치한다.

9 하우스가 종교적 의미로 해석될 때 9 하우스의 마스는 종교에 자신의 열정과 에너지를 모두 쏟지만, 때에 따라서 십자군 전쟁처럼 종교적 편협과 광신31)으로 귀결될 수 있다. 이들은 자신의 종교만이 최고라고 확신하며 타인에게 자신의 종교를 강요할 수 있다. 이들은 믿음과 종교적 문제로 인해 사건, 사고, 폭력, 분쟁에 휘말릴 수 있다. 9 하우스의 비너스는 종교를 통해 기쁨과 가정, 사랑의 안정을 느낀다. 9 하우스에 세턴을 가진 사람들은 자신의 믿음과 철학에 대해 확고한 신념이 있다.

---

31) 일반적으로 행성의 힘이 약하거나 어플릭션된 경우를 언급함

9하우스의 태양은 높은 교육을 지혜의 중심으로 삼는다. 9하우스에 버고 태양을 지닌 괴테는 식물학, 광물학을 비롯하여 법, 치의학, 해부학, 식물학, 색채론, 자연철학, 배우 교육 등 다양한 학문을 섭렵했다.

10 하우스

10 하우스는 커리어, 권력, 명예, 아버지 등을 다룬다. 캐프리컨과 세턴이 지배하는 가장 높은 하우스로 상징적으로 태양과 가장 가깝게 위치한다. 감정과는 무관한 체계와 거대함의 지배를 받는 10 하우스는 일반적으로 아버지가 지닌 특성인 책임과 의무, 권위와 질서, 명예와 권력이 지배하는 영역이다. 따라서 일반적으로 개인은 자신의 아버지 또는 아버지를 대체하는 인물[32]을 통해서 세상을 경험한다. 어릴 적 부모는 아이에게 세상이며 신이다. 따라서 개인이 아버지를 통해서 경험하는 힘과 엄격함은 그가 성장해서 세상을 바라보는 방식이 된다. 힘과 엄격함에는 규칙과 질서가 내제되어 있으며, 그것은 그가 성장해서 소속하게 될 사회와 조직의 구조와 질서를 따르는 기반이 된다.

10 하우스에 위치하는 행성과 싸인은 개인이 아버지의 특성과 아버지를 통해 경험한 힘과 규범의 특징, 나아가서는 성장해서 사회와 자신의 커리어를 바라보는 방식이 어떠한지를 알려준다. 어머니가 개인의 내적 자아를 반영한다면 아버

---

[32] 만일 어떠한 이유로든 부친이 존재하지 않은 경우를 의미함

지는 공적 자아를 반영한다. 따라서 10 하우스는 사회나 국가에 관련된 명예와 평판을 중시하는 공적 자아가 지배하는 하우스다.

10 하우스에 마스를 가진 사람은 커리어에서 조직의 질서에 협력하기보다 상사와 주도권의 각을 세우고 분쟁하는 경향이 있다. 이것은 경쟁심과 힘, 주도권을 중시하는 아버지에게 받은 영향으로, 이들에게 권력이나 커리어, 그리고 사회는 싸우고 이기고 쟁취해야하는 곳으로 바라보는 경향이 있다. 물론 행성의 힘이나 어스펙트에 따라 변화가 있을 수 있다. 10 하우스의 비너스가 위치한다면 미, 조화, 균형, 관계를 중시하는 아버지의 영향으로 성장해서도 세상과의 관계를 아름답고 조화로운[33] 시선으로 바라본다.

10 하우스에 세턴을 가진 사람들은 아버지로부터 엄격함과 인내와 성실, 헌신을 배웠기 때문에 사회나 커리어에서도 조직의 상명하복 질서를 절대적으로 따르는 경향이 있다. 직업윤리가 투철하고 조직에 대해 헌신한다. 10 하우스에 플루토는 일찍이 사회나 아버지를 통해서 극단적 폭력이나 죽음을 경험했을 수 있다. 10 하우스에 플루토를 가진 헤밍웨이는 학교에서 당한 폭력

---

33) 물론 행성의 힘이 강해야하고 어플릭션되지 않아야 한다.

때문에 고등학교 시절에 복싱을 시작하기도 했다. 또한 어릴 때부터 아버지를 따라다니며 사냥이나 낚시를 배웠다. 그는 성장해서도 1차 세계대전, 2차 세계대전 뿐만 아니라 스페인 내전에 참여했으며, 전쟁이 없는 시기에는 투우 관람을 통해 간접적으로 죽음을 경험했다.

10 하우스의 우레너스는 갑작스럽게 높은 자리에 올라갔다가 갑자기 실직하거나, 잦은 직업의 이동을 경험하기도 한다. 그러나 우레너스는 연예인이나 방송으로 능력을 발휘함을 의미할 수도 있다. 10 하우스에 어퀘리어스 우레너스[34]를 지닌 비비안 리는 당대 최고의 여배우로서 바람과 함께 사라지다를 통해 전 세계적인 반향을 일으켰다. 10 하우스의 쥬피터는 종교, 철학, 문화, 예술 방면에서 이름이 높은 전문가나 리더일 수 있다.

---

[34] 연예인으로 룰러쉽을 얻은 어퀘리어스 우레너스는 그녀가 배우로서 최고의 위치에 올랐음을 암시한다.

11 하우스

 11 하우스는 동호회, 친구, 목표, 소망을 다룬다. 동호회는 동일한 취미나 목표를 가진 집단이나 그룹으로 10 하우스처럼 체계적이고 조직적인 규칙과 엄격함의 지배를 받기보다 자유와 브라더후드 정신의 지배를 받는다. 11 하우스에서 개인이 속한 단체는 소속감이나 의무감보다는 자유를 중시하기 때문에 동일한 목적과 목표를 지닌 불특정 다수가 일사분란하게 모였다가 흩어지는 성질을 띤다. 11 하우스는 본래 어쿼리어스와 우레너스의 지배를 받기 때문에 물질적으로는 과학기술, 정신적으로는 사해동포주의와 같은 높은 정신의 영향을 받는다. 따라서 11 하우스에서 현대의 최첨단 과학기술의 총아인 인터넷은 11 하우스의 브라더후드 정신을 가장 잘 반영하는 통신망이다. 인터넷 쇼핑몰, SNS, YOUTUBE 등의 관계망 등은 모두 불특정 타인들로 구축된 관계망으로 11 하우스에 포함된다.

 11 하우스의 쥬피터는 자신이 속한 그룹에서 문화, 사회적으로 이름 높은 다양한 친구들을 만난다. 이들은 친절하고 관대한 사람들로 휴머니즘이나 신비주의 영성에 관심이 많고 영적이며 도덕성과 윤리의식이 뛰어나기 때문에 비슷한

친구들을 끌어당긴다. 이들은 친구의 도움으로 자신의 목표를 이루며 또한 친구를 도와 그들의 목표를 이루게 해주기도 한다. 그러나 어스펙트가 흉하다면 의도적이고 사적인 이득 창출을 위해 친구를 이용할 수 있다. 아일랜드의 시인 윌리엄 버틀러 예이츠는 제임스 조이스, T.S 엘리엇, 블라바스키 여사와 같은 세계적으로 이름 높은 문화 예술인, 신비주의자들과 친목을 도모했다.

11 하우스의 비너스는 동호회나 친목에 우호적이지만, 비너스가 개인적인 행성이라는 점에서 브라더우드라 정신에 배치되는 면이 있다. 11 하우스의 우레너스는 친구들과 비관습적이고 탈국가적인 우정을 나누지만, 그룹에 얽매이기를 원하지 않으며 개인적인 우정보다는 많은 사람과 함께 할 때 편안함을 느낀다. 종교, 국가, 인종을 초월한 다양한 친구를 사귀기도 한다.

12 하우스

　거대한 바다를 상징하는 12 하우스는 분리, 불능, 자기 파괴, 슬픔, 상실, 거짓, 숨겨진 적을 다룬다. 바다는 모든 물들의 최종 종착지다. 이 물은 세상의 모든 희노애락의 찌꺼기를 정화한 물로 12 하우스의 소금기에 의해 용해되고 정화될 필요가 있는 물이자 집단무의식을 의미한다. 우주적 용매제라고 불리우는 파이씨즈와 넵튠이 지배하는 12 하우스에서 이 물이 의미하는 개인의 에고는 녹아야 하며 정화되어야 한다. 그러나 그러한 에고의 용해 과정에서 겪는 고통으로 인해 개인은 원인도 알 수 없는 상실과 슬픔을 경험한다.

　그러나 영성이나 예술에 있어서 12 하우스는 의미가 큰 하우스다. 영성과 예술은 고통이 더 크고 아름다운 꽃을 피우는 연료가 되기 때문이다. 무의식이 인간의 눈에 보이지 않듯이 12 하우스는 사람들의 눈에 잘 드러나지 않는 음지의 영역이다. 따라서 12 하우스는 음지의 수용시설, 요양원, 감옥, 대형병원 등을 의미하는 동시에 명상센타, 수도원 등을 의미한다.

　고통 받는 사람들은 상대적으로 외부에서 인

정받지 못하는 자신의 한을 내면으로 가져와 자신만의 세계를 구축하는 경향이 있다. 그러나 어떤 사람들은 고통을 이기지 못하고 중독과 폭력에 빠지기도 한다. 12 하우스에서는 고통과 상실은 물론 이를 승화한 예술과 영성을 다룬다. 그러나 이들이 내면에 세운 세계는 가상과 환상의 세계이다.

따라서 12 하우스는 가상을 다루는 픽션 즉 영화와 만화의 하우스이기도 하다. 멀리서 부딪히는 파도와 대기의 공기가 만들어내는 포말과 안개는 수평선 위를 아른거리며 환상적인 이미지를 만들어내고 사람들의 감성을 유혹하지만 그것은 곧 사라져버릴 몽환일 뿐이다.

따라서 12 하우스는 상실과 거짓, 사기와 환상의 하우스다. 12 하우스를 지배하는 넵튠은 포세이돈신이 소지한 삼지창의 상징이다. 포세이돈은 여신들과의 사이에 많은 자녀를 두었는데 그들은 대부분 괴물의 형상을 하고 있다. 이것은 바다가 의미하는 무의식의 흉폭성, 괴물성을 암시하기 때문이며, 12 하우스는 숨겨진 적의 하우스이기도 하다.

개인의 정체성과 에고를 의미하는 태양이 우

주적 용매의 하우스인 12 하우스에 위치하면 에고를 융해하고 분해하는데 어려움을 겪는다. 그러나 이들은 거대한 바다의 영향으로 명료성을 상실하며, 정체성의 혼란을 겪을 수 있으며 타인의 의식과 정체성을 자신의 의식과 정체성으로 혼동할 수 있다.

그러나 차트 전체의 상황이 양호하고 각이 좋다면 대중 방송인으로서 활동할 수 있다. 토크쇼의 왕 죠니 카슨은 12 하우스에 리브라 태양을 가지고 있다. 12 하우스의 비너스는 비밀스러운 연애에 연루될 수 있다. 이들은 사적 관계를 비밀로 부치는 경향이 있다.

12 하우스는 흔히 무대 뒤의 하우스라고도 불린다. 즉 보이지 않는 곳에서 일하는 사람들의 하우스로 12 하우스에 머큐리가 위치한다면 혼자 일해야 하는 연구원이나 소설가의 활약이 있다. 이들은 비밀과 숨겨진 것, 신비지식, 무의식에 대한 호기심이 많다. 헤밍웨이는 12 하우스에 리오 머큐리가 위치한다.

12 하우스의 위치한 마스는 경쟁심과 공격성으로 잘못된 검을 휘두르거나 자신을 지키기 위한 용기가 왜곡되게 발현[35]될 수 있다. 이들은

적에게 정확하게 주먹을 날리기보다 엄한 곳을 공격하여 불필요한 사건에 연루될 수 있다. 12 하우스에 마스를 지닌 셰익스피어는 4대 비극에는 자신의 복수심과 분노, 불신과 권위, 1인자에 대한 욕망을 이기지 못하고 잘못된 검을 휘두르다가 패망으로 가는 햄릿과 오셀로 그리고 맥베스와 같은 캐릭터36)를 등장시킨다.

12 하우스에 위치한 세턴은 감정에 사로잡히는 것을 두려워한다. 경계구분이 가장 확실함을 의미하는 행성이 경계구분이 거의 불가한 하우스37)에 위치했다. 이들은 감정을 통제하고 경계하는데 이러한 성향은 이들이 대중과 섞이기 어렵게 한다. 따라서 대중 속에 고독한 존재, 제외된 존재로 남을 수 있다. 이들은 병원이나 감옥과 같은 힘든 곳에서 삶을 살 수 있다.

12 하우스에 달이 있는 사람들은 꿈에서 어머니를 만나는 일이 잦거나 많은 사람들과 함께 있을 때도 어머니에 대한 기억 또는 생각이 떠

---

35) 일반적으로 마스가 힘이 약하고 어플릭션된 경우를 말함
36) 작가의 작품은 작가의 무의식을 반영한다. 따라서 작가의 차트는 작가가 창조한 캐릭터의 성격을 반영한다.
37) 12 하우스를 지배하는 파이씨즈와 넵튠은 바다로 가장 경계구분이 어려운 싸인과 행성인 반면, 10 하우스를 지배하는 캐프리컨과 세턴은 가장 경계 구분을 명확하게 하는 싸인과 행성이다.

오르곤 한다. 12 하우스는 가장 경계구분의 능력이 어려운 하우스다. 자아는 해체되고 에고는 녹여지며 비밀스러운 적의 위협을 받는 하우스다. 태양이 12 하우스에 들어가면 개인은 정체성을 상실하고, 태양은 빛을 잃게 된다. 12 하우스에 제머나이 태양을 가졌던 단테는 모국인 피렌체로부터 추방당함으로써 일종의 국가 정체성의 말살을 경험했다.

저자 로즈 임 지혜 프로필

2018년부터 약 8년간 점성술 강의를 시작했으며, 점성술로 풀어보는 세계 문학 작품 세계, 오컬트, 점성술 One Day Class 등을 강의하고 있다.
《서양 예측 점성술의 기예》 번역
《서양 점성술의 12별자리 씨크릿》 저
《점성술사가 들려주는 예이츠의 사랑과 운명 그리고 철학》 저
《마법사의 그리모어 오컬트 힐링 강의 노트》 공저
《카발라 마법과 오컬트 타로》 공저
《차크라 바이블》 번역
《오컬트 지혜 390》 공저

※ 점성술과 오컬트 심리치유 강의를 수강하고자 원하는 분들은 010-7671-1846으로 연락주시기 바랍니다. (문자요망)

『서양 예측 점성술의 기예』
캐롤 러쉬맨 저. 로즈 임지혜 역
가격 27.000
운세 점성술 실전 전문 번역서!

『서양 점성술의 12별자리 씨크릿』
로즈 임지혜 저. 가격 17.000
12싸인 전문 전문서적!

『점성술사가 들려주는 예이츠의 사랑과 운명 그리고 철학』
로즈 임지혜 저. 가격 14.000
시대 정신이 담긴 인문철학서!

『차크라 바이블』
Anodea Judith 저
임지혜 번역. 신영호 감수,
가격 37.000
7차크라와 영성입문실전 전문서!

서양 점성학 기초

초판 1쇄 인쇄 2024년 6월 21일
초판 1쇄 발행 2024년 6월 30일

저   자   로즈 임지혜
펴낸이   임지혜
편   집   신영호
펴낸곳   이스턴 드래곤
주   소   서울시 영등포구 당산로 50길 2 서울빌딩
등   록   제 2018-000066호/ 2018년 3월 6일
e m a i l   metal38316@gmail.com

ISBN 979-11-980707-5-3(03180)
정   가   13000원

본서의 내용이나 일부를 무단으로 인쇄 복사 제본은 저작권법에 저촉됩니다. 본서는 저작권법에 따라 보호를 받는 저작물이므로 무단 전재 및 복제를 금지합니다. 본서의 전부 및 일부를 이용하려면 저작권자와 도서출판 이스턴 드래곤의 서면동의를 받아야 합니다. 본서의 국립중앙도서관 출판예정도서목록은 서지정보유통지원시스템 홈페이지(http://seoji.nl.go.kr)와 국가자료공동목록시스템 (http://www.nl.go.kr/kolisnet)에서 이용하실 수 있습니다.

※ 잘못된 책은 구입하신 서점에서 바꾸어 드립니다.